냉전

— 20세기 후반의 국제정치

이근욱

1970년에 서울에서 태어나 서울대학교 외교학과를 졸업하고 2002년에 미국 하버드 대학교에서 동맹 문제로 박사학위를 받았다. 2004년부터 서강대학교 정치외교학과에서 국제정치 과목을 담당하고 있다. 주요 연구 분야는 국제정치이론 및 안보 문제이며, 특히 군사력 사용과 관련된 다양한 주제에 관심을 가지고 있다. 지금까지 『왈츠 이후: 국제정치이론의 변화와 발전』과 『이라크전쟁: 부시의 침공에서 오바마의 철군까지』 그리고 『쿠바 미사일 위기: 냉전 최악의 순간』 등의 총 세 권의 저서를 출간하였다.

002

서강수밸류총서

20세기 후반의 국제정치

냉전

이근욱 지음

서강대학교 출판부

서강수밸류총서 002

냉전

20세기 후반의 국제정치

초판 1쇄 발행 | 2012년 12월 20일
5쇄 발행 | 2025년 2월 28일

지은이 | 이근욱
발행인 | 심종혁
편집인 | 하상응
발행처 | 서강대학교 출판부
등록번호 | 제2002-000170호

주소 | 서울특별시 마포구 백범로 35(신수동)
전화 | (02) 705-8212
팩스 | (02) 705-8612

ISBN 978-89-7273-220-4 04340
ISBN 978-89-7273-200-6(세트)

값 12,000원

* 잘못된 책은 구입하신 곳에서 바꿔드립니다.

* 서강수밸류총서는 (주)수밸류 대표 김상수(81. 경제) 동문이 조성한
수밸류출판금고의 지원으로 제작됩니다.

책머리에

이 책은 오래 걸렸다. 언젠가는 냉전 전체에 대한 책을 쓰고 싶다는 생각은 하였지만, 아직 준비가 되지 않았다고 보았고, 그래서 천천히 준비하려고 마음속으로 계획만을 가지고 있었다. 하지만 기회는 갑자기 나타났다. 2009년 가을에 서강대학교 출판부는 학부 학생들을 대상으로 하는 교양서적을 기획하였고, 본인은 "냉전" 부문을 담당하게 되었다. 2010년 1월에 이루어진 출판 계약에 따르면 원고는 2012년 1월까지 완성되도록 되어 있었고, 2012년 6월이 출판 목표였다. 하지만 이라크전쟁과 쿠바 미사일 위기에 대한 두 권의 저술 때문에 냉전에 대한 책은 우선순위에서 밀려났고, 한 번 밀려나기 시작하니까 우선순위 자체는 더욱 떨어졌다. 하지만 원고를 제출해야 한다는 생각은 계속 하고 있었다.

2010년 1월부터 원고를 위한 기본 골격과 원고를 입력할 파일은 가지고 있었고 항상 가지고 다니는 USB에 "냉전: 20세기 후반의 국제정치"라는 폴더는 늘 존재했다. 언제인가는 써야 한다는 생각이 있었고, 이와 같은 생각은 어느덧 부담감으로 변화하였다. 2012년 봄, 이제는 원고를 제출하자고 결심하였고 이전까지 조금씩 진행하였던 원고 작성을 방학과 더불어 시작하였다. 보통 연구업적으로 중요하게 여기는 학술지 논문 대신에 연구업적으로 높게 평가되지 않는 단행본 저서에 집중하는 내 자신이 스스로 특이하다고 생각하였지만, 동시에 이와 같은 단행본이 필요하다는 사실 때문에 작업을 하기 시작하였다.

냉전에 대한 단행본을 쓰게 된 또 다른 이유는 국제정치 관련 수업을 하는 경우에 냉전에 대한 마땅한 교과서가 부족하다는 현실이다. 좋은 교과서가 존재하기는 하지만 냉전 전체를 포괄적으로 다루고 있지 않으며, 특히 학부 학생들에게는 너무 어려웠다. 냉전 기간에 대한 중요한 시기에 대한 연구서는 존재하였고 그 가운데 일부는 번역되어 있지만, 중요한 연구들이 모두 번역된 것은 아니었다. 특히 200명 정도의 학생이 수강하는 학부 대형 강의에서 단행본 교과서는 필수적이었고, 번역된 중요 연구를 발췌하여 학생들에게 배포하는 것은 한계가 있었다. 때문에, 서강대학교 출판부의 제안은 무척 매력적이었고, 이번 기회에 냉전 전체에 대한 간단한 교과서를 쓰자고 결정하였다.

하지만 일단 집필에 들어가자 원고의 성격이 조금씩 모호해졌다. 교양서적 또는 초급 교과서를 목표로 하였지만, 원고가 진행되면서 연구서의 성격이 나타나기 시작했고 동시에 냉전에 대한 통사(通史)가 냉전과 관련된 다양한 연구 주제를 정리하고 퍼즐을 찾는 연구계획서(research note)로 변화하였다. 따라서 이 책은 보완이 필요하다. 특히 이 책에서 교과서가 아니라 연구서로서 등장하는 다양한 질문들을 분석하는 작업이 필수적이며, 언제인가는—그것이 정확하게 언제일지는 모르지만— 이번 작업을 보완할 것이다.

특히 소련 및 과거 공산권 문서가 공개되는 다양한 작업에 따라 냉전 기간 핵심 당사자였던 소련의 행동에 대한 많은 정보가 공개되면서 보완은 더욱 필요할 것이다. 많은 자료가 공개되고 정책 결정 과정이 투명하였던 민주주의 국가 미국에 비해, 냉전의 또 다른 주요 당사자였던 소련의 정책 결정에 대해서는 그다지 많은 것이 알려져 있지 않다. 때문에, 이 책에서도 미국에 대한 서술이 소련에 대한 서술에 비해서 보다 상세하다.

또 다른 문제는 자료 공개와 연구가 상대적으로 많이 진행되었던 냉전 초기 단계에 대한 설명이 냉전 중반기와 후반기에 대한 서술보다 상세하다는 것이다. 이러한 문제는 시간이 지나면서 보다 많은 연구자들이 냉전의 개별 시기에 대한 분석을 진행하면서 나아질 듯하다. 현재로는 세 권으로 출판된 Melvyn P. Leffler and Odd Arne Westad (eds.), *The Cambridge History of the Cold War* (Cambridge: Cambridge University Press, 2010)에 있는 다양한 논문들이 가장 뛰어난 연구이다.

지금까지 세 권의 책을 썼다. 2009년에 나온 첫 번째 책인 『왈츠 이후』는 당시 돌이 지나지 않았던 첫딸 다경이에게 바쳤다. 2011년에 나온 두 번째 저서인 『이라크전쟁』은 자랑스러운 와이프인 조영진 교수에게 헌정했다. 세 번째 책인 『쿠바 미사일 위기』는 둘째 딸 수경이가 가져갔다. 이번 책은 네 번째 저서이다. 식구들이 책을 한 권씩 가졌으니까, 이번에는 내 자신이 가져가고 싶다.

이 책을 쓰는 데 많은 사람들이 도움을 주었다. 책을 집필하는 계기를 마련해준 서강대학교 출판부와 국어국문학과 우찬제 교수님께 감사드린다. 서강대학교 정치외교학과 교수님들의 격려도 네 번째 책을 쓰는 데 큰 도움이 되었다. 무엇보다 집필에 많은 도움을 준, 특히 책 원고를 읽고서 의견을 개진해주었던 노진국 · 신아람 두 명의 대학원생 조교들에게 감사한다.

차례

제1장

서론: 냉전의 중요성

냉전은 20세기 후반 국제정치의 핵심이었다. 민주주의와 시장경제를 표방하며 기독교를 내세운 미국과 공산주의와 사회주의를 표방하고 "종교는 아편"이라고 선언하였던 소련은 세계 전체에서 대결하였다. 1945년 이전 여러 개의 강대국이 존재하는 다극체제(multipolarity)는 미국과 소련이라는 두 개의 강대국만이 존재하는 양극체제(bipolarity)로 재편되었고, 세계는 안정적이었다. 미국과 소련은 대립하고 경쟁하였고 일부 지역에서는 군사력을 동원해서 충돌하였지만, 이러한 대립과 경쟁 그리고 충돌은 미국과 소련 사이의 전면 전쟁으로 이어지지 않았다. 이와 같은 양극체제는 1989년에 동독이 무너지고 독일 통일이 시작되면서 빠른 속도로 약화되었고 결국 1991년에 냉전의 핵심 당사자였던 소련이 소멸하면서 종식되었다.

즉 냉전은 과거의 경험이다. 따라서 이것은 역사의 일부분이며, 정치학의 영역이기보다 역사학의 영역일 것이다. 바로 이러한 이유에서 우리는 다음과 같은 질문을 하게 된다. 첫째, 과연 냉전은 무엇이었는가? 즉 냉전은 이념의 대결이었는가, 경제체제의 대결이었는가, 정치체제의 대결이었는가? 아니면 전략적 차원의 강대국 대결이었는가? 이러한 질문은 냉전의 전개 과정을 이해하는 데 매우 중요하다. 또 다른 문제는 냉전의 연구 필요성 부분이다. 과거 역사에 대한 연구가 정치학—특히 국제정치학— 분야에서 왜 중요한가? 과거가 가지는 의미는 무엇인가? 세 번째 문제는 냉전에서 나타난 경쟁 정도의 변화 문제이다. 미국과 소련의 경쟁은 상당한 변화를 보여주었다. 1940년대 후반에 냉전이 시작되어 1960년대 초반까지 심각할 정도의 대립이 존재하였지만, 1960년대 중반에서 1970년대 말까지 경쟁은 적절하게 통제되었다. 1980년대에 들어오면서 경쟁은 다시 격화되었지만, 1985년 이후 다시 완화되었고 결국 냉전은 평화적으로 종결되었다. 그렇다면, 이러한 변화의 원인은 무엇인가?

1. 냉전의 본질

냉전은 무엇이었는가? 이것이 미국과 소련의 대립이었다는 사실은 분명하지만, 이러한 대립을 가져왔던 원인이 무엇이었는가에 대해서는 다양한 견해가 존재한다. 기독교 근본주의 세력은 냉전을 신(神)의 존재를 인정하고 두려워하는 기독교 국가인 미국과 신앙을 가지고 있지 않고 종교를 부정하는 무신론 소련의 대립으로 냉전을 이해하였다. 따라서 냉전은 종교적인 차원에서 나타나는 성전(聖戰)이었으며, 기독교 문명의 생존이 걸려있는 투쟁이었다. 또 다른 규정은 냉전을 정치 또는 경제체제의 차이에서 발생하였던 대립으로 파악하는 방식으로, 미국이 대표하는 민주주의와 시장경제 그리고 소련으로 상징되는 공산주의와 사회주의 사이의 경쟁이라는 것이다. 그리고 세 번째 견해는 미국과 소련의 대립은 종교 또는 국내 체제의 차이가 아니라 그 국가들이 보여주었던 성향(type)에서—특히 현상유지 국가인가 아니면 현상타파 국가인가의 차이에서— 유발되었던 전략적 경쟁이었다는 것이다.

현실에서 나타난 미국과 소련의 행동은 냉전의 본질을 이해하는 데 큰 도움을 준다. 특히 미국이 동아시아의 무종교—공산주의— 사회주의 국가인 중국에 대한 태도는 냉전이 소련의 현상타파 성향에 대한 또는 소련을 현상타파 국가로 인식하였던 미국의 대응에서 유발되었고, 이러한 성향 또는 성향에 대한 인식의 변화가 냉전의 변화에 중요한 역할을 하였다는 결론을 내릴 수 있다. 미국은 1949년에 중국 내전에서 공산당 정권이 승리하자 중국을 봉쇄하지 않았고, 오히려 자신의 동맹국이었던 국민당 정권에 대한 지지를 철회하였다. 중국 공산당 정권이 가지고 있었던 기독교 부정과 공산주의 · 사회주의 성향에도 불구하고 1970년대에 미국 공화당 행정부는 중국에 접근하였으며, 1980년대에 들어오면서 중국은 소련과의 경쟁에서 미국의 동맹국으로 행동하였다.[1] 또한 소련은 냉전 기간 동안 지속적으로 "종교는 아편"이라는 주장을 견지하면서 기독교를 비롯한 모든 종교에 적대적이었고 공산주의와 사회주의를 견지하였다. 하지만 미국은 1960년대와 1970년대에 소련과의 전략적 경쟁을 완화하였으며 1980년대 후반에는 냉전 경쟁을 소멸시키는 데 성공하였다. 즉 소련과 중국은 대외적인 성향을 제외하고는 많은 부분에서 공통점을 보였지만, 대외적인 성향에 반응하였던 미국은 현상타파적인 성향을 보인 소련에 대해서는 봉쇄를, 그리고 현상유지적인 성향을 보였던 중국에 대해서는 포용 및 포섭을 선택하였다.[2]

이와 같은 측면에서 냉전은 국제적 무정부상태(anarchy)에서 흔히 나타나는 강대국의 생존을 위한 전략적 경쟁이었다. 국가 상위의 단위체가 존재하지 않는 상황에서 자신의 생존은 자기 스스로가 확보하는 자조(自助, self-help) 행위가 등장하며, 이 과정

---

1 중국은 1950년대 한반도와 대만 문제에서 군사력을 사용하였고, 미국과 군사적으로 대치하였다. 하지만 이러한 군사력 사용 결정은 상당 부분 방어적인 동기에서 비롯되었고 동시에 제한적이었기 때문에 중국이 강력한 현상타파 국가라는 결론으로 이어지지 않았다. 따라서 중국에 대한 미국의 봉쇄 또한 소련에 대한 봉쇄에 비하여 그다지 강력하지 않았다.

2 현재 우리는 냉전이 종식되었다고 이야기한다. 중국이라는 공산주의 국가가 여전히 존재하지만, 미국과 소련의 전략적 경쟁이 종식되었기 때문에 우리는 냉전이 종식되었다고 인식한다. 또한 미국과 중국 사이의 경쟁이 격화되어 대립이 시작된다고 해도, 이러한 대립은 또 다른 전략적 경쟁일 것이며, 따라서 "냉전"이라고 지칭되지는 않을 것이다.

에서 전략적 경쟁이 발생할 수 있다. 자신의 안전을 위해 취한 조치가 상대방의 안전을 저해하게 되는 상황인 안보딜레마(security dilemma)가 발생할 수 있으며, 동시에 상대방이 현상타파 성향을 보이면서 순수한 차원에서 안보경쟁(security competition)이 등장하기도 한다. 특히 냉전은 그 과정에서 나타났던 전략적 경쟁에서 상당한 차이가 등장하였으며, 동시에 최종적으로 해소될 수 있었다.[3]

2. 냉전의 중요성

냉전은 20세기 국제정치의 절반을 차지한다. 20세기 전반부가 여러 개의 강대국이 존재하였던 다극체제였으며 두 번의 세계대전이 발생하였다면, 20세기 후반부는 미국과 소련이라는 두 개의 강대국이 존재하는 양극체제였으며 다양한 갈등에도 불구하고 세계대전은 발발하지 않았다. 이러한 측면에서 냉전은 중요하다. 이것은 21세기 초반을 살고 있는 우리에게는 지금 우리가 살고 있는 세계를 만들어내는 데 작용하였던 기초인 것이다. 냉전 시기의 경험은 현재 세계에 맞닿아 있으며, 그 경험은 우리가

3 냉전의 해소가 국제적 무정부상태의 소멸을 의미하지는 않는다. 하지만 최소한 미국과 소련 사이에 존재하였던 안보딜레마가 해소되었다고 볼 수 있다.

알고 있는 세계를 구성하는 데 기초로 작용하였다. 현재 우리가 사용하고 있는 군사기술의 상당 부분은 냉전 시기의 유물이다. 현재 세계에 존재하는 핵무기의 대부분은 냉전 시기 미국과 소련의 대립 때문에 만들어졌으며, 재래식 무기의 많은 부분도 냉전 시기의 유물이다.

또한 냉전은 우리가 살고 있는 세계에서 작용하는 역사적 경험이었다. 냉전은 현재 세계에서 정책을 결정하는 데 막강한 교훈을 가져왔다. 냉전의 경험은 단순한 과거 역사적 사실에 지나지 않고 지금 현재 다양한 정책이 결정되는 데 작용하고 있다. 냉전 초기의 봉쇄 정책이나 냉전 중반기의 긴장 완화의 경험, 냉전 후반기 경쟁이 다시 격화되었던 사실과 이러한 경쟁이 해소되었던 경험 등은 오늘날 대외정책이 결정되는 데 다양한 맥락에서 역사적 교훈으로 작동한다. 2003년에 미국은 이라크를 침공하면서 "소련에 대한 봉쇄는 성공하였지만, 이라크의 사담 후세인 정권은 봉쇄할 수 없다"는 주장을 내세우면서 침공과 정권 교체를 추진하였다. 반면, 침공에 반대하였던 사람들은 "모든 국가에 대한 봉쇄가 가능하다"고 반박하였다.

한편 냉전의 경험은 20세기 후반의 국제정치를 설명하기 위한 이론적 노력에서 사용할 수 있는 귀중한 사례이자 데이터이다. 이 경험이 유일한 것이며 때문에 우연의 산물일 가능성이 존재한다. 따라서 냉전을 전체로 다루기보다 냉전 내부에서 나타났던 다양한 변화와 경쟁 수준의 변화에 주목하는 것이 국제정치

이론 수립과 검증에 필수적이다. 특히 냉전이 시작되는 과정에서 나타났던 미국과 소련의 상호 인식은 안보딜레마와 관련하여 중요한 사례이다. 또한 1950년대와 1960년대에 나타났던 전략적 경쟁과 상호작용 그리고 경쟁의 완화 가능성 등의 사안은 냉전 자체에 대한 이해와 국제정치 이론의 검증에 핵심적인 사안으로 작용할 수 있다. 1960년대와 1970년대의 냉전 경쟁이 완화되었던 것은 안보딜레마의 완화라는 측면에서 매우 흥미로운 사례이다. 1970년대 후반에 냉전 경쟁이 다시 격화되었으며, 그 원인과 상호작용에 대한 분석은 국제정치 이론의 발전에 공헌할 수 있다. 그리고 1980년대 후반 냉전 경쟁의 소멸 과정은 안보딜레마 해소라는 측면에서 매우 중요하다.[4]

냉전 경험이 중요한 또 다른 이유는 미래 세계가 냉전 시기와 유사한 양극체제로 변화한다는 사실이다. G-2라고 지칭되는 2012년 현재 세계는 사실상 미국과 중국이라는 두 개의 강대국이 존재하는 양극체제이다. 1991년에 소련이 붕괴하면서 세계는 미국이 유일한 강대국으로 부상한 일극체제(unipolarity)에서 2000년대 후반에는 미국과 중국 중심의 양극체제로 변화하였다. 지금 현재 미국과 중국의 대립은 미국과 소련의 대립과 같은 전략적 경쟁으로 확대되지는 않았다. 또한 두 개의 강대국이 존재한다는

4 이러한 과정에서 중요한 것은 소련 문서의 공개이다. 특히 1970년대 후반 냉전 경쟁이 다시 악화되는 과정에서 소련의 의도 및 정책 결정에 대한 보다 상세한 정보가 필요하며, 이에 기초한 연구가 중요하다.

국제체제의 구조(structure)의 측면에서는 동일하지만, 미국과 중국 사이의 경제 및 문화 교류는 미국과 소련 사이의 교류와는 비교가 되지 않을 정도로 높다. 이와 같은 경제적 상호의존(economic interdependence)은 구조적 차원에서의 경쟁 압력에도 불구하고 과정(process) 차원에서 미국과 중국의 갈등을 봉합하는 힘으로 작용한다.5 미국과 중국이 어떠한 형태를 띠게 되는지 명확하게 알 수 없다. 하지만 냉전의 경험은 미국과 중국 사이의 갈등을 예방하거나 또는 경쟁을 완화하고 통제하는 데 많은 통찰력을 제공한다.

3. 냉전 내부의 변화

냉전 내부에서 나타났던 경쟁 정도의 변화는 매우 흥미로운 질문이다. 즉 냉전의 원인에 대한 거시적인 질문과 함께, 초기 냉전의 격화 과정 그리고 데탕트 과정은 중요한 질문을 제기한다. 또한 데탕트의 종식과 냉전 경쟁의 또 다른 격화 그리고 최종적인 경쟁의 해소 등은 그러한 변화를 가져왔던 원인을 찾아본다는 측면에서 매우 흥미롭다.

---

5 다음 연구는 미국과 중국 관계에 대한 이론적 전망을 정리하고 있다. Aaron L. Friedberg, "The Future of U. S.－China Relations: Is Conflict Inevitable?" *International Security,* Vol. 30, No. 2 (Fall 2005), pp. 7～45.

냉전 과정의 변화를 이해하기 위해서는 미국과 소련의 정책 결정 과정에 대한 정보가 필요하다. 미국은 국무성 문서를 비롯한 다양한 문서를 공개하고 있으며, 특히 미국대외정책(FRUS: Foreign Relations of the United States)이라는 문서집은 미국의 정책 결정 과정을 연구하는 데 필수적인 자료이다. 또한 CIA 등은 냉전의 시작과 종결, 베를린 위기와 쿠바 미사일 위기 등의 핵심 사안에 대한 문서집을 편찬하여 공개하였으며, 소련 전략 무기에 대한 미국의 정보 평가서 또한 문서집으로 편찬하였고 인터넷에 공개하였다.[6] 또한 국가안보문서센터(National Security Archive)는 조지워싱턴대학교(George Washington University)의 웹페이지를 통해 냉전 시기 미국의 주요 문서를 공개하고 있다.[7]

반면 소련의 정책 결정 과정에 대해서는 많은 것이 알려져 있지 않다. 단편적인 회고록을 제외한다면, 소련 내부의 정책 결정

---

6 FRUS는 1861년에 처음 발간된 미국 외교문서집으로 국무성 역사국(Office of The Historian in the United States Department of State)이 담당하고 있다. 보통 30년이 지난 문서를 공개하고 있으며, 대통령이 참가하는 회의록과 녹취록까지 포함하여 문서를 개별 행정부에 따라 정리하고 이것을 다시 사안별로 분류하여 발간한다. 국무성 웹페이지(http://history.state.gov/historicaldocuments)에서 추가 정보를 확인할 수 있다. CIA 또한 자체적으로 공개한, 그리고 정보공개법(Freedom of Information Act)에 따라 요청에 의해 공개한 문서를 http://www.foia.cia.gov/special_collections.asp에서 제공한다.

7 국가안보문서센터는 1985년에 수립된 독립적인 민간단체로 미국 군사 및 대외정책의 중요 문서를 공개하고 있다. 공개된 문서는 http://www.gwu.edu/~nsarchiv/coldwar/documents/를 통해 제공된다.

에 대한 자료는 거의 없었으며 따라서 소련의 정책 결정에 대한 연구는 자료의 부족 때문에 많은 문제가 있었다. 냉전이 종식되면서 이러한 문제점을 해결하기 위한 노력이 존재하였고, 특히 1991년에 미국의 공공정책연구소인 우드로 윌슨센터(Woodrow Wilson International Center for Scholars)는 소련의 정책 결정을 보여주는 문서를 수집하여 그 내용을 영어로 번역하였고 이를 웹페이지에서 공개하기 시작하였다. 이러한 냉전국제관계사 계획(CWIHP: Cold War International History Project)은 새로운 자료를 공개하고 번역을 통해 그 접근성을 향상시킴으로써 냉전 과정에 대한 이해를 향상시키는 데 공헌하고 있다.*8* 하지만 아직도 문서 공개 등에서 미국 정도의 투명성은 확보되지 않고 있다.

4. 책의 구성

다음의 2장에서는 냉전의 기원에 대한 분석이 등장하며, 이것은 왜 미국과 소련이 대립하게 되었는가에 대한 질문을 검토할 것이다. 3장에서는 냉전의 군사화를 다룬다. 특히 집중적으로 논의되는 것은 냉전 경쟁의 격화로 미국과 소련이 경쟁적으로 군사력을

---

8 CWIHP 웹페이지는 http://wilsoncenter.org/program/cold-war-international–history–project이다. 번역된 문서는 웹페이지에서 개별적으로 찾을 수 있으며 동시에 책자(Bulletin) 형태로 출판된다.

건설하고 자신의 영향권에 위치한 국가들을 동맹국으로 통합하는 과정에 대해서 논의할 것이다. 특히 유럽 냉전의 핵심이었던 “독일 문제”를 분석할 것이다. 4장은 냉전의 정치화로, 군사적 수단 대신 정치적 수단으로 냉전이 진행되면서 경쟁이 완화되는 과정을 다룬다. 데탕트 시기의 중요한 합의와 군사력 사용 자제 등을 논의할 것이다. 5장은 냉전의 격화 및 종식이다. 1970년 말에 냉전이 다시 격화되는 과정과 미국의 대응, 그리고 소련의 내부 변화와 경쟁의 완화 등이 논의될 것이다. 그리고 독일 통일과 소련의 붕괴로 냉전이 최종적으로 종식되는 과정을 분석하고자 한다.

제2장

냉전의 시작: 안정적인 양극체제의 불안정한 출발

국제정치 이론의 측면에서 볼 때, 냉전의 가장 큰 특징은 두 개의 강대국이 존재하는 양극체제였다는 사실이다. 즉 1945년 이전까지 세계, 특히 유럽은 5~6개의 강대국이 존재하는 다극체제였으나 제2차 세계대전을 거치면서 유럽 대륙 및 동아시아 강대국은 사실상 2류 국가로 전락하고 대신 미국과 소련이 강대국으로 부상하였다. 그리고 이러한 양극체제는 이후 45년 동안 유지되면서 국제체제의 안정을 가져왔다. 하지만 냉전이 시작되던 시기에는 이러한 안정성이 나타나지 않았으며, 오히려 미국과 소련은 상대방을 의심하고 군사력을 증강하였다. 이와 같은 과정을 통해서 안보딜레마가 발생하여 "자신의 안전을 위해 취한 조치가 상대방의 안전을 저해하는 상황"이 나타났다. 미국은 소련을 공격적으로 인식하면서 소련의 공격적인 행동에 대항하고 자신 및 서부 유럽의 안전을 추구하기 위해 군사력 증강을 시작하였고, 소련은 "미국의 공격적인 행동"에 대해 소련 및 동부 유럽 사회주의 국가들의 생존을 추구하기 위해서 핵무기 개발 등의 조치를 취하였다.

게다가 소련은 독일과 체코슬로바키아 등지에서 자신의 팽창적인 성향을 드러내었다. 특히 베를린 봉쇄와 체코슬로바키아 쿠데타 등은 미국 정책결정자들에게 소련이 매우 공격적인 국가라는 인식을 심어주었으며, 소련의 공격 또는 팽창 성향을 보다 과장되게 인식하는 결과를 가져왔다. 즉 안보딜레마 때문에 미국과 소련 사이의 경쟁이 나타날 가능성이 매우 높은 상황에서, 소련의 행동은 양극체제 두 개의 강대국인 미국과 소련의 대립을 결정적으로 가져왔다. 하지만 이 시점에서 미국과 소련의 대립은 정치적인 대결에 머물렀으며, 군사적인 대결 또는 충돌로 이어지지는 않았다. 특히 미국은 소련을 정치적으로 봉쇄하고 장기적으로 소련의 팽창을 외교적으로 통제하려고 하였지만, 군사적으로 소련의 팽창을 억제하려고 시도하지는 않았다.

하지만 1949년 10월의 중국 공산 혁명의 성공과 1950년 6월의 한국전쟁으로 이러한 상황은 변화하였다. 이제 냉전은 정치적인 대결에 머무르기보다는 군사적 대립으로까지 확대되었다. 미국은 NSC-68을 통해서 소련의 팽창에 대항하기 위한 군사력 증강을 시작하였으며, 소련은 1949년에 원자폭탄 개발에 만족하지 않고 수소폭탄 개발에 박차를 가하였다. 그리고 1953년에 미국과 1954년에 소련은 각각 수소폭탄 실험에 성공하면서 냉전은 미국과 소련의 핵무기 경쟁이라는 새로운 형태로 변화하였으며, 정치적 대결이 아니라 군사적 대립과 핵전쟁의 위협을 통한 전 세계를 무대로 하는 전략 경쟁으로 확대되었다.

1. 냉전의 기원과 미국과 소련의 상호 인식

1945년에 유럽과 아시아에서 두 번째 세계대전이 종식되었을 때, 미국과 소련은 동맹국이었다. 1941년 6월에 독일이 소련을 침공하자 중립국이었던 미국은 무기 대여법에 기초하여 소련에 군사원조를 제공하였고, 12월에 독일의 동맹국인 일본이 미국을 공격하자 독일은 미국에 전쟁을 선언하였으며 미국은 이것을 계기로 소련을 동맹국으로 수용하였다. 1945년에 독일과 일본이 패망하면서 이러한 관계는 청산되었지만, 미국과 소련이 피를 나눈 동지인 "혈맹"(血盟)이라는 사실은 부인할 수 없었다. 하지만 전쟁이 종식되고 얼마 지나지 않아, 미국과 소련은 서로를 의심하기 시작하였고, 이 과정에서 발생한 의심은 적대감으로 확대되면서 결국 냉전이 시작되었다.

그렇다면 냉전은 왜 발생하였는가? 냉전의 기원에 대한 설명은 크게 두 가지가 존재한다. 하나는 미국과 소련 가운데 어느 국가도 공격적 또는 팽창적으로 행동하지 않았지만, 상대방의 의도를 확신할 수 없었기 때문에 순수하게 "자신의 안전을 위해 취한 조치가 상대방의 안전을 저해하는 상황"이 나타나면서 갈등이 빚어졌다는 것이다. 이 경우에 미국과 소련은 상대방의 공격적인 성향을 인식하여야 하며, 동시에 자신의 행동을 결정하는 과정에서 상대방을 공격적인 국가로 인식한 사실이 중요한 작용을 하여야 한다. 즉 미국과 소련은 모두 현상유지국가(status-quo power)인 상황에서 안보딜레마가 발생하였고, 미국 또는 소련은 냉전의 발생에 직접적인 책임은 없다는 주장이다. 또 다른 설명은 미국과 소련 가운데 어느 한 국가가 공격적 또는 팽창적으로 행동하였고, 다른 국가는 상대의 공격적 또는 팽창적 행동에 대항하면서 냉전이 발생하였다는 것이다. 이에 따르면, 당시 미국과 소련 가운데 최소한 한 국가는 현상타파국가(revisionist state)였기 때문에 상황은 안보딜레마가 아니라 안보경쟁이다. 이 경우에 최소한 한 국가는, 특히 현상타파국가는 자신의 행동을 내부적으로 정당화하는 과정에서 상대방의 "공격적 또는 팽창적 성향"을 강조하지 않으며, 자신의 이익을 위해 스스로의 팽창을 적극적으로 정당화한다. 즉 냉전은 미국 또는 소련 가운데 팽창적으로 행동하였던 국가 때문에 발생하였으며, 냉전의 책임은 팽창적인 국가가 지게 된다.[1]

---

1 모든 국가는 자신들의 팽창을 정당화하면서 다른 국가들의 공격적인 행동을 적시한다. 이것은 가장 극단적인 현상타파 국가였던 나치 독일의 경우에서도 나타난다. 하지만 현상타파 국가는 팽창을 정당화하면서 팽창 그 자체가 가져오는 이익을 강조하며, 따라서 다른 국가의 공격적인 행동은 부차적으로만 언급한다. 나치 독일의 경우, 대외정책에 대한 논의에서 팽창은 "생존권"(Lebensraum)이라는 개념에서 출발하며 영국 · 프랑스 · 소련 등 주변 강대국의 행동은 큰 역할을

따라서, 1945년 이후 미국과 소련이 상대방을 어떻게 인식하고 있었는가는 매우 중요한 문제이다. 특히 이러한 상호 인식은 냉전의 기원과 직접적인 연관을 가지고 있으며, 국제정치이론에서 논의하는 안보딜레마가 어떠한 과정을 통해 나타나는가를 잘 보여준다. 이러한 측면에서 중요한 사실은 미국과 소련이 상대방을 각각 공격적인 국가라고 생각하면서 동시에 자신들은 안보를 위해서는 상대의 "공격적인 행동"에 적극적으로 대응해야 한다고 보았다는 사실이다. 물론 이러한 인식이 안보딜레마를 정당화하지 않으며, 지나친 단순화일 가능성도 있다. 하지만, 미국과 소련의 의사결정 과정을 추적하는 경우에는 미국과 소련이 서로에 대해 가지고 있었던 공포심과 두려움 그리고 상대방의 "공격적인 행동에 대한 대응 필요성"에 대한 인식이 공통적으로 나타난다.

우선 미국의 소련에 대한 인식은 소련 주재 미국 대사관 대사대리(charge d'affaire)인 케난(George F. Kennan)이 1946년 2월 22일에 국무성에 보낸 전문에서 잘 드러난다. 당시 미국 정부에서 가장 뛰어난 소련 전문가였던 케난은 5,363단어의 "장문의 전보"(The Long Telegram)를 작성하였다.[2] 당시 미국 재무성은 세계은

하지 않았다.

2 케난의 전문은 U. S. Department of State, *Foreign Relations of the United States (FRUS), 1946, Volume VI: Eastern Europe; the Soviet Union* (Washington, DC: United States Government Printing Office, 1969), pp. 696~709에서 처음 공개되었다. 다음에서도 확인할 수 있다. http://www.gwu.edu/~nsarchiv/coldwar/documents/episode-1/kennan.htm (2012년 7월 3일 확인). 또한 케난은 "X"라는 가명으로 자신의 견해를

행(International Bank for Reconstruction and Development)과 국제통화기금(International Monetary Fund) 설립에 협조하지 않는 소련의 행동을 이해할 수 없었고, 따라서 이에 대한 해석을 국무성에 문의하였다. "장문의 전보"는 이에 대한 답변으로, 여기서 케난은 소련은 사회주의 국가로서 자본주의 국가들과 끝없는 전쟁을 수행한다고 보고 있다고 지적하였다. 특히 소련은 전통적으로 많은 침입을 받았던 러시아의 역사적 경험에 기초하여 자신들의 안보에 과민반응하고 있으며 외부의 영향력을 적대시하는 경향이 강하다고 보았다. 소련은 그 정치체제의 문제점 때문에 현실에 대한 객관적이고 정확한 인식을 하기 어렵다고 주장하면서, 소련의 팽창은 이와 같은 역사적 경험에서 나오는 문제점이라고 강조하였다.

이에 케난은 소련의 팽창에 대해서 미국이 대응해야 하지만, 군사력을 사용하기보다는 정치적으로 소련의 팽창을 봉쇄(containment)하고 미국 내부 개혁에 집중함으로써, 소련 공산주의를 압도하는 미국 민주주의의 우월성을 보여주어야 한다고 주장하였다. 소련과의 평화 공존은 어렵지만, 소련을 군사적으로 침공하거나 소련의 위협에 군사적으로 대응하는 것은 적절하지 않다는 것이다. 이에 케난은 정치적 수단을 사용하는 봉쇄를 제안하였으며, 소련과의 협력은 무의미하고 미국은 장기적인 대립을 준비

공개하였다. X, "The Sources of Soviet Conduct," *Foreign Affairs*, Vol. 25, No. 4 (July 1947), pp. 566~582.

해야 하며 동시에 서부 유럽 국가들을 통합하여 소련의 위협에 대응해야 한다고 역설하였다.

특이한 것은 미국이 소련을 팽창적인 국가로 인식하였던 바로 그 시점에서 소련 또한 미국을 팽창적인 국가로 인식하였다는 사실이다. 1946년 9월 27일에 미국주재 소련 대사인 노비코프(Nikolai Novikov)는 소련 외상인 몰로토프(Viacheslav Molotov)에게 또 다른 장문의 전보를 보낸다.[3] 케난의 전문이 5,500단어 정도였던 데 반하여 노비코프의 전문은 8,770단어로 더욱 길었다. 이후 몰로토프는 전문을 스탈린(Joseph Stalin)에게 보고하면서, 냉전 초기 소련의 미국에 대한 인식에 영향을 주었다. 노비코프는 레닌의 제국주의론에 기반하여 독점자본가가 통제하는 미국은 소련에 매우 적대적이며, 또 다른 전쟁을 통해서 세계 전체를 장악하려고 하고 있으며, 이를 위해 군사력을 증강하고 있다고 평가하였다.

이와 같은 시각은 레닌의 제국주의론을 논리적으로 연장한 것이었다. 자본주의의 최후 단계는 금융자본이며 이러한 금융자

---

3 이 문서는 1990년 7월에 처음으로 그 존재가 서방측에 알려졌으며, 소련 정부는 1990년 11월에 외무성 공식 소식지인 「국제생활」(International Life; Mezhdunarodnaia zhizn)에 이것을 케난의 전문과 비교하는 방식으로 문서 전체를 공개하였다. 1991년에 이 문서는 영어로 번역되어 Kenneth M. Jensen (ed.), *Origins of the Cold War: The Novikov, Kennan, and Roberts 'Long Telegrams' of 1946* (Washington, DC: United States Institute of Peace Press, 1993), pp. 3~16에서 공개되었다.

본은 자본을 수출할 지역을 확보하기 위해서 세계를 식민지로 분할한다는 주장이다. 이러한 시각에서 노비코프는 미국 제국주의는 지금까지 세계를 통제하였던 영국 제국주의와 충돌할 가능성이 있으며, 특히 이러한 제국주의 국가들 사이의 충돌은 석유자원을 둘러싸고 중동 지역에서 발생할 것이라고 예측하였다. 동시에 미국은 독일과의 전쟁에서 자신의 동맹국이었던 소련에 대해서 적대적인 정책을 취하고 있으며, 미국의 의지를 소련에게 강요하려고 하며 동시에 독일 등의 국가에서도 나치를 청산하기보다는 소련과의 충돌에 이용하기 위해 기존 세력을 포섭하고 있다고 지적하였다.

즉 당시 미국과 소련은 서로를 팽창적인 국가로 인식하였다. 미국은 소련이 러시아 시기의 역사적인 경험과 국내 정치적인 문제 때문에 대외적으로 팽창할 것이라고 보았고, 소련은 미국이 자본주의 체제가 가지는 문제점 때문에 팽창한다고 보았다. 이러한 상호인식이 정확하지 않을 수 있지만, 중요한 것은 1946년 시점에서 미국과 소련은 서로를 팽창적인 국가라고 인식하면서 행동하였고, 이후 서로의 행동으로 이러한 의혹은 더욱 강화되었다는 사실이다.

2. 소련의 제한적 팽창과 도발 그리고 봉쇄 정책

제2차 세계대전이 종결되었을 때, 미국은 가장 강력한 힘을 가지고 있었고 동시에 핵무기를 독점하였다. 반면 소련은 동부 유럽을 점령하면서 이전에는 누리지 못했던 유럽 대륙에서의 우월한 군사적 지위를 차지하였다. 따라서 미국과 소련은 상대적으로 안전하다고 느끼고 안정을 유지할 수 있었다. 하지만 현실에서는 이러한 안정은 나타나지 않았고, 미국과 소련의 상호작용을 통해 냉전이 발생하였다. 그리고 이러한 상호작용과 냉전의 시작 과정에서는 소련의 제한적 팽창과 불필요한 도발 행동이 미국의 적극적인 대응을 가져왔다. 즉 당시 소련은 나치 독일과 같은 극단적인 현상타파 국가는 아니었지만, 당시의 세력 균형과 그것이 반영된 국제질서에 완전히 만족하지는 않았다. 소련은 기회만 주어진다

[그림 1] 베를린을 점령한 소련군

면 미국에 도전하여 자신의 영향력을 확대하려고 하였다.[4]

예를 들어 소련은 미국의 핵무기 독점에 도전하였다. 스탈린은 1946년 1월 25일에 핵무기 개발을 공식적으로 지시하면서, “비용은 고려하지 말고 사용 가능한 모든 자원을 동원한다”고 결정하였다. 필요한 경우에 “모든 시설과 인력을 사용”하고, “러시아 스타일로 일을 추진”하여 “가능한 빠른 시일 내에 핵무기를 완성”할 것을 명령하였다.[5] 하지만 이러한 소련의 핵무기 개발은 미국의 침공 가능성에 대한 급박한 인식에 기초한 것이 아니었다. 당시 소련은 미국과의 전쟁이 임박하였다고 판단하지는 않았으며, 소련은 제2차 세계대전에서 승리하면서 더욱 강력한 힘을 가지게 되었고 동시에 전쟁에 대한 피로감 때문에 자본주의 국가가 사회주의 소련을 공격하지는 않을 것이라고 보았다.[6] 다만 장기적으로 소련은 미국과의 전쟁을 수행하게 될 것이며, 소련이 핵무기를 보유하지 않으면 미국의 핵무기 공격에 노출된다고 보았다. 미국의 핵무기 독점이 지속된다면 소련은 안전하지 않으

---

4 일부 국제정치이론가들은 나치 독일과 같은 극단적 현상타파 강대국을 늑대(wolf)라고 지칭하며, 소련과 같은 제한적 현상타파 강대국을 여우(fox)라고 부른다. Randall L. Schweller, *Deadly Imbalances: Tripolarity and Hitler's Strategy of World Conquest* (New York: Columbia University Press, 1998).

5 Igor V. Kurchatov, “Notes on the Discussion between I. V. Kurchatov, Lead Scientist for the Soviet Nuclear Effort, and Stalin,” *Cold War International History Project Bulletin* No. 4 (Fall 1994), p. 5.

6 David Holloway, *Stalin and the Bomb: The Soviet Union and Atomic Energy, 1939~1956* (New Haven, CT: Yale University Press, 1994), pp. 150~153.

며, 소련의 장기적인 안보는 핵무기 보유에 달려 있다고 판단하였다.

서방 자본주의 국가가 단기적으로는 전쟁을 수행할 수 없기 때문에, 소련은 유럽과 동아시아에서 자신의 영향력을 조금씩 확대하려고 시도하였다. 미국 등이 소련을 공격할 의도가 존재한다면 소련은 자신의 안전을 위해서 조심스럽게 행동하고 서방측을 도발하지 않아야 한다는 것이 스탈린의 판단이었다. 하지만 세계대전의 피로 때문에 미국은 군사력을 사용하지 않을 것이고, 따라서 소련이 제한적으로만 팽창한다면 미국으로 대표되는 자본주의 세력은 이러한 소련의 팽창을 수용할 것이라고 보았다. 1946년에 그리스에서 내전이 발생하였고, 소련은 공산 세력에 무기를 지원하지는 않았지만, 정치 및 외교적으로 공산 세력을 지지하였다. 1947년 2월에 기존까지 그리스 정부를 지원하였던 영국은 재정적인 이유에서 더 이상 그리스를 지원할 수 없다고 결정하였고, 미국은 영국을 대신하여 그리스에 대한 군사 및 경제 원조를 선언하였다. 이러한 결정은 "트루만 독트린"(Truman Doctrine)으로 알려지면서, 미국과 소련의 대립이 본격화되었다는 신호로 받아들여졌다. 하지만 미국은 의회를 설득하기 위해서 "공산화의 위험"을 과장하였을 뿐, 소련의 팽창을 인정하지 않았다. 1947년 6월에 국무장관 마샬(George C. Marshall)은 유럽 국가들에 대한 대규모 원조 계획을 발표하면서, 소련 및 소련이 점령하고 있는 국가들에 대해서도 원조를 제공하였다고 선언하였다. 그러나 소련은 마샬플랜이 가진 유럽 국가들 사이의 협력과 독일까지 포함하는 원조 범위를 문제삼으면서 미국이 제공하는 원조를 거부하였다.[7]

1948년에 들어서면서 미국은 소련의 팽창을 실감하게 되었다. 1945년 5월에 소련이 프라하를 점령하면서 체코슬로바키아는 해방되었다. 1946년 5월, 총선에 기초하여 자유주의 정부가 구성되었고, 베네스(Edvard Benes) 대통령은 공산당을 정부의 구성원으로 포섭하였다. 하지만 공산당의 지지가 줄어들면서 1948년 5월에 예정되어 있는 선거에서 공산당의 패배는 기정사실이었다. 1948년 2월에 권한남용 문제로 공산당 계열의 장관들은 사임 압력을 받았지만 사임을 거부하는 상황에서, 공산당이 장악하고 있는 경찰과 노동조합이 주동하는 쿠데타가 발생하였다. 비공산주의자들은 정부에서 축출되었고, 5월 2일에 새로운 헌법이 공표되면서 체코슬로바키아는 소련과 유사한 형태의 인민공화국으로 변모하였다.[8] 이것은 미국에게는 큰 충격이었다. 소련과 소련이 지원

---

7 소련을 제외하는 것은 소련에 대한 극단적인 불신의 표시이기 때문에, 미국 국무성은 소련에게도 원조를 제공한다고 명시적으로 선언하였다. 하지만 미국은 소련이 마샬 플랜의 조건들을 거부할 것이라고 확신하였고, 당시 미국 의회 또한 소련에게 대규모 원조를 제공하는 재정 지출을 승인하지 않았을 것이다.

8 공산주의자가 정부 부처를 장악하였지만, 외교부는 최후까지 마자릭(Jan Masaryk)이 장관 자리를 지키면서 저항하였다. 쿠데타 이후에도 마자릭은 장관 직위를 유지하였지만, 1948년 3월 10일에 마자릭은 집무실 아래로 "투신"하였다. 1990년의 조사에 따르면 마자릭은 "자살"하지 않았고 "살해"되었다고 한다.

하는 정치세력이 선거를 통해 만들어진 정부를 전복하였고, 따라서 앞으로도 소련과의 협력을 통해 중도파 정부를 수립하는 것은 무의미하다는 판단을 하게 되었다.

이어서 6월 24일에 소련이 베를린을 봉쇄하였다. 1949년 5월 12일까지 지속되었던 봉쇄는 독일 점령국인 미국과 영국의 권리에 대한 정면 도전이었다. 독일이 항복한 이후인 1945년 7월의 포츠담 협정에서 미국 · 소련 · 영국 · 프랑스 등 점령국 4개국은 독일과의 공동 평화조약이 체결될 때까지 잠정적으로 베를린을 공동 관할하기로 하였다. 이에 미국 · 영국 · 프랑스는 베를린의 3분의 2를, 나머지 3분의 1은 소련이 통제하였다. 또한 소련은 베를린과 독일 "서부 지역" 사이에 항공로(air corridor) 세 개를 공식 인정하였고 동시에 비공식적으로 도로와 철도를 통해 미국과 영국 그리고 프랑스가 베를린 점령지역까지 물자를 운반하는 권리를 묵인하였다.**9** 1948년 6월에 소련은 이전의 제한적이고 산발적인 봉쇄조치를 넘어서 베를린에 대한 지상 교통 및 물자와 전력 공급을 전면 봉쇄하였다. 베를린 봉쇄(Berlin Blockade)는 미국 측이 서독 지역에서 단행한 화폐개혁에 대한 항의 차원에서 소련이 일방적으로 단행하였지만, 미국은 이것을 기본적으로는 미국 측의 베를린에 대한 의지(commitment)를 약화

---

9 엄격한 의미에서 항공로는 제2차 세계대전 승전국으로 미국 등이 패전국 독일에서 행사하는 권리였다. 동독과 서독은 이러한 권한을 평화조약이 체결될 때까지 인정하였고, 수권 이양 이후 양자 합의에 기초하여 인정되었다.

시키려는 시도로 받아들였다. 미국은 포츠담 협정에 명시된 항공로를 이용하기로 결정하고, 베를린에서 필요한 물자를 항공기를 이용하여 공수하였다.**10** 이 과정에서 소련은 미국 측의 항공수송을 차단하거나 도전하지 않았으며, 포츠담 협정에 명시된 미국 측의 항공로 사용 권한을 인정하였다. 결국 봉쇄는 효과를 발휘하지 못하였으며, 소련은 1949년 5월에 봉쇄를 중지하고 베를린은 다시 "정상화"되었다.

전쟁 이후의 혼란이 수습되면서, 연합국은 독일 지역의 정치적 안정화를 시도하였다. 포츠담 협정에서 프랑스까지 참여하는 독일의 분할 점령이 확정되었지만, 장기적으로는 통합한다는 원칙이 규정되었다. 하지만 미국과 소련의 대립이 격화되면서 독일 통일 가능성은 줄어들었고, 대신 점령행정을 위해 구성한 독일인 자문위원회 등을 중심으로 정치조직이 출현하였다. 미국과 영국 그리고 프랑스는 1947년에 개별 점령지역을 하나로 통합하였고, 점차 많은 권한이 독일인에게 주어졌다. 1949년 5월에 독일 기본법이 선포되고 이에 기초한 선거가 8월에 이루어졌으며,

---

10 독일 점령군 사령관이었던 클레이(Lucius D. Clay) 장군은 베를린 봉쇄가 본격적으로 시작되기 직전인 1948년 6월 13일의 전문을 통해 "미국이 베를린을 유지해야 할 이유는 없다. 하지만 베를린 문제는 다른 측면에서 심각한 사안이며, 특히 미국의 지위와 의지와 직결되어 있다. 미국이 베를린을 포기한다면, 미국이 유럽과 독일 지역에서 가지고 있는 우월한 지위(prestige)는 무너질 것이다. 좋든 나쁘든, 베를린은 미국의 유럽에 대한 강력한 의지의 상징이 되어버렸다"고 보고하였다.

9월 20일에는 아데나워(Kanrad Adenauer) 수상이 이끄는 서독(독일연방공화국, Federal Republic of Germany)이 출범하였다. 소련 점령지역에서는 소련의 "지도"에 따라 1946년 4월에 기존의 독일 공산당과 독일 사회민주당이 통합하여 10월 선거에서 승리하고, 1947년 6월에 구성된 독일 경제위원회가 소련 점령지역에서 경제정책을 담당하였다. 1948년 2월에 독일 경제위원회는 입법 기능을 가지게 되면서 사실상 정부를 기능하였으며, 1949년 5월에 총선과 헌법이 공표되었고 이에 기초하여 1949년 10월 9일에 동독(독일민주공화국, German Democratic Republic)이 출범하였다.

이와 같은 배경에서 미국과 소련은 한반도 문제에서 합의를 하는 것은 사실상 불가능하였다. 1945년 8월 15일에 일본이 항복하면서 북위 38도선을 중심으로 북쪽은 소련이, 남쪽은 미국이 일본군 무장해제를 위해 각각 진주하였다. 1945년 12월에 모스크바 합의를 통해 미국과 소련은 한반도에 대한 최장 5년의 신탁통치를 실시한다고 결정하였고, 미국과 소련의 공동위원회를 통해 추후 문제를 논의하기로 하였다. 하지만 1946년 2월에 소련이 지원하는 가운데 북한 지역에서는 김일성이 통제하는 북조선임시인민위원회가 결성되었고, 3월에는 토지개혁이 실시되었다. 남한 지역에서는 미국이 지원하는 한국인으로 구성된 통치조직이 없었지만, 점령행정을 담당하는 미군정청은 개별 부서에 한국인을 부차적으로 임명하여 행정력을 부분적으로 이양하였다. 1947년 11월에 UN은 한반도에서 "조속히 자유롭고 공정한 선거를 실시"

하라고 결의하였고, 선거 감시를 담당할 임시 위원회(United Nations Temporary Commission on Korea)를 구성하였다. 소련 및 북조선임시인민위원회가 선거를 거부하는 가운데, 미국은 자신의 점령지역에서만 선거를 실시하였다. 1948년 5월 10일에 선거가 실시되고 이에 기초하여 정부가 수립되었으며, 1948년 8월 15일에 남한에서 대한민국 정부가 수립되었고, 그리고 9월 9일에는 북한에서 조선민주주의인민공화국 정부가 출범하였다.**11**

한편 중국에서는 국민당과 공산당 사이의 내전이 지속되었다. 1927년 4월에 시작된 국공내전(國共內戰)은 일본의 중국 침략으로 중단되었고 국민당과 공산당은 국공합작(國共合作)을 통해 일본의 침략에 함께 저항하기로 합의하였다. 하지만 실질적인 협력은 거의 이루어지지 않았으며, 1945년 8월에 일본이 항복하면서 국민당과 공산당 사이의 긴장이 고조되었다. 소련은 8월 9일에 만주를 침공하였고, 일본 항복 선언 후에는 만주 주둔 일본군과 일본이 통제하던 만주국 군사력을 무장해제하였다. 세계대전이

---

11 UN 총회는 1948년 12월 12일의 결의안을 통해 대한민국을 "유엔한국임시위원회가 감시한 선거가 실시된 지역에서의 유일한 합법정부"(a lawful government [the Government of the Republic of Korea] having effective control and jurisdiction over that part of Korea where the Temporary Commission was able to observe and consult and in which the great majority of the people of all Korea reside and this is the only such Government in Korea)라고 승인하였다. 이러한 결의안(UN General Assembly Resolution 195)에는 흔히 이야기되는 "한반도 유일의 합법정부"라는 문구는 없다.

끝난 직후 국민당과 공산당은 휴전에 합의하였고, 국민당 정부는 자신의 핵심 군사력을 소련이 점령하고 있는 만주 지역으로 급파하였다. 하지만 휴전은 1946년 6월에 끝나고 내전이 시작되면서, 만주에 배치된 국민당 정부군은 토지개혁을 선언하는 공산당 정부를 지지하는 농촌 지역에 둘러싸여 도시에 고립되었고 결국 1948년 10월과 11월에 항복하였다.**12** 비슷한 시기에 화북 지역이 공산당 정부에게 장악되었고, 11월에 공산당 정부는 베이징 지역을 공격하여 1949년 1월 31일에 베이징을 점령하였다. 4월 21일에 양쯔강을 도하한 공산당 정부군은 23일에 국민당 정부의 수도인 난징을 함락시켰고, 국민당 정부는 대만으로 도피하였다. 1949년 10월 1일에 공산당 정부는 중화인민공화국(People's Republic of China)을 선포하면서, 공산당 정부가 내전에서 승리하였다.**13**

그럼에도 불구하고 미국은 특별한 군사적인 행동을 취하지

---

12 국민당 정부는 자신의 정예부대(新一軍)를 만주로 이동시키기 위해 미국에게 항공 지원을 요청하였고, 미국은 이러한 요청을 수용하여 항공기로 국민당 정부군을 만주지역에 수송하였다. 하지만 배치된 병력에 대한 보급이 어려운 상황에서 미국의 항공 지원이 중단되고 만주를 점령하고 있는 소련군이 일본군 병력의 무기를 중국 공산당 군대에게 제공하면서, 만주에 배치된 국민당 정부군은 고립되어 항복하였다.

13 중화인민공화국 선포 이후에도 국민당 정부군의 저항은 지속되었다. 위난(雲南) 지역에서는 국민당 정부군이 상당한 세력을 보유하였지만 1950년에 항복하였다. 이후 공산당 정부는 국민당 정부가 통제하였던 하이난섬(海南島)에 상륙하여 섬을 장악하면서 자신의 상륙작전 능력을 과시하고 대만 침공 가능성을 위협하였다.

않았다. 유럽에서는 소련의 서베를린 봉쇄에 대항하여 700대의 항공기를 동원하여 하루 최대 4,700톤의 물자를 항공 수송하였던 미국은 중국 내전에서는 적극적으로 개입하지 않았다. 미국은 군사력을 동원하여 국민당 정부를 간접적으로 지원하고 주요 군사시설의 방어를 담당하였지만, 공산당 정부와 직접적으로 교전하지 않았다. 또한 공산당 정부가 베이징을 점령하고 양쯔강을 도하하면서 자신의 동맹국 정부였던 국민당 정부가 패배하는 상황에서도 군사력을 동원하지 않았다. 미국은 유럽에서 적극적으로 행동하였다. 그리스 내전과 이탈리아 선거에 "개입"해서 공산당 정부가 수립되는 것을 방지하였고, 1949년 4월에는 서부 유럽 국가들을 통합하여 북대서양조약기구(NATO: North Atlantic Treaty Organization)를 구축하여 소련의 군사적 위협에 대항하였다. 하지만 미국은 동아시아 최대의 국가인 중국에서 공산당 정부가 등장하는 것을 수용하였으며, 1949년 8월에 「중국 백서」(United States Relations with China with Special Reference to the Period 1944~1949)를 발간하여 중국 내전에 대한 미국의 개입은 실패한다고 주장하였다. 1950년 1월 5일에 영국이 중국을 승인하면서, 서방 국가들이 대만을 포기하고 중국과의 외교관계를 개설한다는 분위기가 조성되었다. 1949년 1월에 국무장관에 취임한 애치슨(Dean Acheson)은 1950년 1월 12일에 미국언론협회 연설에서 동아시아에서 미국의 방어선은 일본에서 오키나와를 거쳐 필리핀으로 이어진다고 주장하면서, 대만에 대한 방어를 언급하지 않았고 한반도 또한 미국의

방어선에서 제외하였다.[14]

3. 미국의 대응과 한국전쟁

이러한 상황에서 미국 정책결정자들은 소련의 "팽창"이 위협적이라는 부분에 대해서는 의견이 일치하였지만, 어떻게 대응할 것인가에 대해서는 합의가 이루어지지 않았다. 케난이 제시하였던 봉쇄는 군사력이 아니라 미국의 정치적 역량을 동원하여 외교적인 수단으로 소련의 팽창을 저지하는 것이었다. 군사력을 동원하는 경우에는 미국이 감당해야 하는 비용이 너무나도 크기 때문에 군사력 배치는 처음부터 배제되었다. 하지만 케난의 후임으로 외교정책실장(Director of Policy Planning)에 취임한 니츠(Paul H. Nitze)를 중심으로 하는 일부 정책결정자들은 소련의 팽창을 봉쇄하기 위해서는 군사력 동원이 필요하다고 보았으며, 필요한 군사력을

14 일부에 따르면 이러한 애치슨 선언 때문에 소련과 북한이 한국전쟁을 결심하였다고 한다. 하지만 이러한 주장은 소련 문서에서는 뒷받침되지 않는다. 소련 문서에 따르면, 중국 내전에서 공산당의 승리가 한국전쟁을 결심하는 데 더욱 중요한 역할을 하였다. 또한 한국에서도 언론은 한국의 안보에 "미국이 직접적인 책임을 지고 있다"고 보도했고, 이승만 대통령은 애치슨 연설 직후에 "한국에 대한 미국의 변함없는 지원에 감사"하면서, "실지회복 반공투쟁에 총력을 다하고 있는 한국 국민을 고무시키는 데 큰 도움"이 되었다는 외교전문을 보냈다. 연설 직후인 1월 26일에 한미상호방위원조협정이 체결되었고, 2월 9일과 10일에는 한국원조법안이 미국 하원과 상원을 각각 통과하였다.

구축하기 위해 재정 지출을 감수해야 한다고 주장하였다.[15] 재정 지출의 장기적 문제점 때문에 국방성이 반대하는 가운데 국무성 강경파는 군사력 건설을 주장하였고, 특히 1949년 8월 29일에 소련이 핵실험에 성공하면서 군사력 증강을 주장하는 목소리는 더욱 커졌다. 그 결과 만들어진 것이 바로 NSC-68이다.

NSC-68은 미국 백악관 산하의 기구인 국가안전보장회의(National Security Council)에 제출된 보고서이다. 1950년 4월 14일에 제출된 이 문서는 전체 72페이지로 대통령이 참여하는 회의에 제출된 보고서로는 상당한 분량이었다. 핵심 내용은 미국이 냉전에서 승리하기 위해서는 이전과는 달리 미국 군사력의 대규모 증강이 필요하다는 것으로, 소련을 붕괴시키고 미국이 지향하는 가치에 기초한 세계 질서를 수립하기 위해서 미국이 가지고 있는 자원의 상당 부분을 군사력 구축에 사용하여야 한다는 것이었다. 이 때문에 트루먼 대통령을 비롯한 많은 정책 결정자들은 NSC-68의 결론이 너무나도 과격하다고 생각하였고 NSC-68에서 논의된 군사력 증강은 현실성이 없다고 보았다.[16] 하지만 1950년 6월에

---

15 케난과 니츠의 관계와 중요성에 대한 연구로는 Nicholas Thompson, *The Hawk and the Dove: Paul Nitze, George Kennan, and the History of the Cold War* (New York: Henry Holt, 2009)가 있다.

16 트루먼 대통령은 국방 지출의 증가로 미국 경제가 파산할 수 있다고 우려하였고, 따라서 군사력 증강에 소극적이었다. 포레스털(James Forrestal) 국방장관은 1948년에 대통령선거에서 공화당이 승리할 것이라고 믿고 공화당 후보(Thomas E. Dewey)와 접촉하여 국방비 증액을 요구하였고, 따라서 선거에서 승리하여 재임

한국전쟁이 발발하고, 소련의 지원을 받는 북한이 미국이 수립한 한국을 공격하면서 상황이 변화하였다. 이제 냉전이 단순히 정치적 또는 외교적 수단만을 이용한 대결에 그치지 않고, 전쟁 등의 군사력이 필요하다고 인식하게 되었다. 그리고 이러한 연장선상에서 9월 30일에 트루먼 대통령은 NSC-68을 공식 승인하고 미국은 대규모 군사력 증강을 시작한다.

NSC-68은 미국과 소련의 국력을 군사적 · 경제적 · 정치적 · 심리적 측면에서 분석하면서, 소련의 상대적 힘이 증가하고 있다고 주장하였다. "현재 미국이 직면한 상황은 심각"하며 미국이 패배하는 경우에는 "미국의 파멸뿐 아니라 인류 문명의 종말"이 초래된다고 하면서, 미국은 "항구적인 군사적 준비태세를 유지"해야 하며, 미국 경제는 군사력 구축을 위한 수단으로 재구성되어야 한다고 주장하였다. 구축된 군사력은 미국 및 동맹국을 방어할 뿐 아니라 소련의 전쟁 능력을 파괴하는 데 사용될 수 있다고 규정하면서, 군사력 건설을 위해 전체 GDP의 20% 정도까지를 사용할 것을 제시하였다. 본래 이러한 주장은 트루만 행정부에서는 수용될 수 없었다. 미국과 소련의 상대적 힘의 격차가 오히려 벌어지고 있다는 판단이 우세하였고, 소련은 독일과의 전쟁에서 입은 피해를 복구하느라고 군사력 건설에 많은 자원을 투입하지

하게 된 트루만은 1949년 3월에 국방장관을 경질하였다. 후임 국방장관 존슨(Louis A. Johnson)은 국방비 동결을 강조하였고, 이로 인하여 군부와 많은 갈등이 야기되었다.

못하고 있다는 평가가 강력하였다. 하지만, 1950년 6월 25일에 북한의 공격으로 한국전쟁이 시작되면서 트루만 행정부는 NSC-68을 승인하고 군사력 증강에 집중하였다. 즉 북한의 공격이 미국의 냉전 정책에 큰 변화를 가져온 것이다.

북한은 침공을 시작하기 최소 1년 전에 전쟁을 통한 한반도 통일을 결정하였다. 남한 및 한국의 정치세력에 대한 선전용 대화는 지속되었지만, 이것은 군사력 증강과 전쟁 준비를 노출시키지 않으려는 교란 행동에 지나지 않았다. 김일성은 1949년 3월에 소련을 방문하여 스탈린과 면담하여, 경제지원과 함께 한국에 대한 군사공격에 필요한 정치적 지지와 무기를 요구하였다. 하지만 스탈린은 미국의 개입 가능성을 우려하여 공격 승인을 거부하고 대신 경제적 지원만을 약속하였고 그 결과, 3월 17일에 경제협력조약이 체결되었다.**17** 1949년 4월에 귀국한 김일성은 내전을 수행하고 있던 중국 공산당 정부와 협상을 통해 전투 경험을 쌓은 조선인 병력을 요구하였다. 이에 마오쩌둥(毛澤東)은 공산당 정부군의 일부로 편성되어 있는 조선인 사단 3개 가운데 2개 사단을 북한으로 귀환시키겠다고 결정하였고, 그 병력은 1949년 7월과 8월에 북한에 도착하였다.**18** 1949년 8월 이후 북한은

---

17 김일성은 1949년 2월 22일에 평양을 출발하여 3월 3일에 모스크바에 도착하였다. 고소공포증 때문에 비행기를 사용할 수 없었고, 기차로 이동하면서 상당한 시간이 소요되었다. 일정이 끝나고 김일성 일행이 평양에 도착한 것은 1949년 4월 7일이었다.

한국에 대한 제한적인 공격을 강조하면서 소련에 공격에 필요한 지원을 요구하였지만, 소련은 동의하지 않았다. 하지만 이러한 상황은 1949년 10월에 중국 내전이 종결되면서 변화하였다. 미국은 내전에서 과거 자신의 동맹국이었던 국민당 정부가 패배하고 공산당 정부가 승리하는 것을 방관하며 개입하지 않았고, 이에 소련과 북한은 한반도에서 전쟁이 벌어진다고 해도 미국이 개입하지 않을 것이라고 판단하였다.

1950년 1월에 북한은 소련에게 더욱 많은 군사지원을 요구하였고 경제지원으로 약속된 차관을 미리 사용하고 금(金) 등을 동원하여 소련에서 무기를 구입하였고 4월부터 소련 무기가 본격적으로 북한에 도착하는 상황에서 1950년 4월에 김일성은 소련을 다시 방문하였다. 스탈린을 만난 자리에서 김일성은 중국 내전에서 공산당의 승리를 강조하면서, 한반도 전쟁에서 미국은 개입하지 않을 것이라고 단언하였고 이러한 주장에 대해 스탈린 또한 동의하였다. 즉 소련은 이전까지의 태도를 바꿔서 중국 내전에 미국이 개입하지 않았기 때문에, 한반도 전쟁에서도 미국이 개입하지 않을 것이라고 보았다.**19** 귀국 후 김일성은 5월 13일에서

---

18 모든 병력은 무기와 편제를 유지하였고 특히 중국 내전에서 작전 경험을 쌓았던 병사와 장교들은 북한 군사력을 증강시키는 데 중요한 역할을 하였다. 나머지 1개 사단은 중국 내전이 종결 시점까지 공산당 정부군으로 작전을 수행하다가 한국전쟁 직전인 1950년 4월에 북한에 인계되었다.

19 김일성의 두 번째 소련 방문은 1950년 3월 30일에서 4월 25일에 있었다. 소련의 태도 변화에 대해서는 소련 문서에 기초한 다음 연구가 큰 도움이 된다. Kathryn

16일까지 중국을 방문하여 마오쩌둥과 면담하였다. 여기서 마오쩌둥은 전쟁에 찬성하면서, "미국이 개입한다면 중국이 북한을 도와서 개입한다"고 약속하였지만 동시에 "중국 내전에서와 같이 미국은 개입하지 않을 것"이라고 지적하였다. 이후 북한은 자신이 가진 군사력을 동원하여 기습을 준비하였고, 이전까지의 사소한 국경 충돌을 자제하고 오히려 평화 공세를 펼쳤다. 1950년 6월 25일에 북한은 기습에 성공하였고, 개전 3일 후 서울이 함락되었다. 드디어 냉전이 열전으로 확대되었고, 미국은 한국전쟁을 소련의 군사적 팽창 신호로 받아들이면서 적극적으로 개입하였다.

결국 미국은 봉쇄를 강력하게 추진하였다. 케난이 주장하였던 정치적 차원의 봉쇄뿐 아니라 군사적 차원에서도 봉쇄를 집행하였다. NSC-68이 실행되면서 미국의 군사비는 급증하였고, 핵무기와 통상 전력의 증강이 이루어졌다. 한국전쟁은 봉쇄 정책의 결과이자 가속화를 초래한 원인이었다. 미국은 봉쇄 정책의 일환으로 한국전쟁에 개입하였고, 동시에 한국전쟁에 개입하면서 소련에 대한 군사적 봉쇄 정책을 더욱 강화하였다. 그리고 미국의 소련에 대한 봉쇄 정책은 특히 군사적 봉쇄 정책에 소련이 강력하게 반발하면서 냉전은 세계 전체를 무대로 한 미국과 소련의 전략적 경쟁으로 이어졌다.

Weathersby, *Soviet Aims in Korea and the Origins of the Korean War, 1945~1950: New Evidence from Russian Archives* Cold War International History Project Working Paper No. 8 (November 1993).

제3장

냉전의 군사화: 유럽 동맹 체제의 강화와 핵무기 경쟁

한국전쟁이 벌어지고 미국이 NSC-68을 승인하면서 냉전은, 특히 미국의 소련에 대한 봉쇄 정책은 빠른 속도로 군사화되었다. 미국은 소련을 외교적 수단과 정치적 방법으로 봉쇄하는 데 그치지 않고, 군사적으로 소련의 팽창을 저지하려고 시도하였다.[1] 핵무기는 이러한 목적을 달성하기 위한 가장 효과적인 수단으로 평가되었고, 이에 미국은 핵무기 개발 및 생산에 더욱 많은 자원을 투자하였다. 또한 소련은 핵무기 개발에 전력을 기울였으며, 1949

---

1 하지만 냉전을 봉쇄 정책으로만 설명하는 것은 논리적으로 문제가 있다. 냉전이 미국과 소련의 전략적 경쟁이었기 때문에, 미국의 소련에 대한 정책이었던 "봉쇄"로 냉전 전체를 분석하는 것은 소련의 미국에 대한 태도를 논의하지 못하는 약점이 있다. 하지만 정보의 공개라는 측면에서 볼 때, 미국의 봉쇄 정책과 미국의 소련에 대한 정책에 대해서는 많은 것이 알려졌지만, 소련의 미국에 대한 정책에 대해서는 알려진 것이 미미하다. 따라서 앞으로의 연구는 소련의 관점에서 파악한 냉전 및 소련의 미국에 대한 정책에 집중되어야 한다.

년 8월 29일에 원자폭탄 실험에 성공하였다. 이후 미국은 핵분열 반응(fission)을 사용하는 원자폭탄을 넘어서 핵융합(fusion) 반응에 기초한 수소폭탄 개발을 시작하였고, 1952년 11월 1일에 10.4메가톤 위력의 핵폭발 장치를 실험하였다. 반면 소련은 1955년 11월 22일에 보다 발전된 형태의 수소폭탄 실험에 성공하였다.

이와 같이 냉전이 군사화되면서, 미국과 소련은 자신이 "통제하는 지역"에서, 특히 유럽에서 자신이 통제할 수 있는 동맹을 구축하였다. 미국은 서부 유럽 국가들을 규합하여 북대서양조약기구(NATO)라는 동맹을 결성하였고, 소련은 동부 유럽 국가들을 통합하여 바르샤바조약기구(WP; Warsaw Pact)를 창설하였다. 하지만 이러한 동맹은 의외의 문제를 야기하였다.[2] 소련의 경우 또 다른 공산주의 강대국인 중국과의 대립이 조금씩 격화되면서 정치적인 문제가 발생하였으며, 이것은 결국 소련과 중국의 무력충돌로까지 이어졌다. 동시에 미국은 소련 지상군 전투력에 대항하여 서부 유럽 최고의 군사적 잠재력을 가진 서독의 재무장이 필요하였지만, 영국과 프랑스 등의 주요 동맹국을 설득하는 것은

---

2 냉전과 같은 양극체제에서는 동맹국의 중요성이 줄어들고 따라서 국제관계가 보다 간결하게 정리된다. 하지만 양극체제의 간결성이 동맹의 중요성이 완전히 사라지지는 않는다. 양극체제에서도 동맹 문제는 중요하며, 다만 다극체제와 비교해서 그 중요성이 줄어든다는 것이다. 예를 들면, 1914년 7월의 위기와 같이 동맹국 때문에 전쟁을 수행하게 되는 상황은 양극체제에서는 나타나지 않는다는 주장이다. Glenn H. Snyder, "The Security Dilemma in Alliance Politics," *World Politics,* Vol. 36, No. 4 (July 1984), pp. 461~495.

쉽지 않았다. 또한 소련은 서독의 재무장을 독일 군사력의 부활로 받아들이면서 강력하게 반발하였다.

동시에 미국과 소련은 "전략 무기"(strategic weapons)에서 경쟁하였다. 1950년대에 미국과 소련은 상대방의 본거지를 핵무기로 공격할 수 있는 군사적 능력을 의미하는 전략 균형(strategic balance)을 둘러싸고 본격적으로 대립하였다.[3] 특히 미국은 자신들의 핵전력이 소련의 핵전력보다 뒤졌다고 착각하였고, 이것은 미국 국내에서 정치적 문제로까지 비화되었다. 하지만 1960년대 중반 이후 상황은 안정되었고, 미국과 소련은 냉전을 새로운 형태로 변화시키기 시작하였다. 기존의 군사화되었던 냉전은 이를 통해 정치화되기 시작하였고, 미국과 소련의 경쟁이 완화되면서 강대국 차원에서는 대립이 줄어들었다.

---

3 전략 무기란 미국과 소련의 경쟁관계에서 만들어진 용어로, 엄격한 정의는 없다. 다만 1971년의 전략 무기 제한협정(SALT I: Strategic Arms Limitation Treaty)에서는 다음의 세 가지 무기를 전략 무기로 지칭하였다. 사정거리 5,500km 이상의 탄도미사일—사정거리 600km 이상의 잠수함 발사 탄도미사일(SLBM)—항속거리 8,000km 이상의 폭격기 또는 사정거리 600km 이상의 순항미사일을 탑재한 폭격기. 여기서 탄도미사일 사정거리 기준인 5,500km는 알래스카를 제외한 미국과 소련 본토 사이의 최단 거리로, 탄도미사일로 상대방 본토를 공격하는 데 필요한 최단 사정거리이다. 폭격기 항속거리인 8,000km는 본토에서 출격하여 공중급유 1회를 통해 상대방을 공격하고 기지로 복귀가 가능한 최소 항속거리이다. 잠수함 및 폭격기에 탑재된 미사일 사정거리 600km는 뚜렷한 기준 없이 결정되었으며, 잠수함과 폭격기를 통해 상대방 본토 부근까지 접근할 수 있다는 사실이 고려되었다.

1. 미국과 소련의 군사적 대립

냉전이 군사화되는 첫 번째 걸음은 NATO의 결성이었다. 세계대전이 아직 진행 중이었던 1944년 12월에 프랑스는 소련과 20년 기한의 동맹조약을 체결하여 상호방위 및 군사원조에 합의하였다. 또한 1947년 3월에 영국과 프랑스는 덩커크 조약(Treaty of Dunkirk)을 체결하여 동맹관계를 유지하였다. 이러한 동맹은 기본적으로 독일을 공통의 적으로 보고 향후 독일의 공격에 대항하는 것이었다. 1948년 3월에 덩커크 조약은 확대되어 영국과 프랑스에서 벨기에 · 룩셈부르크 · 네덜란드 등까지 포함하는 브뤼셀 조약(Treaty of Brussels)으로 발전하였다.**4** 소련이 베를린을 봉쇄하면서 브뤼셀 조약의 당사국들은 1948년 6월에 우선적으로 서부유럽연합(Western European Union)을 결성하고 공동 방어계획을 시작하였다. 하지만 미국의 도움이 절실하였고, 결국 1949년 4월 4일에 브뤼셀 조약 당사국 5개국과 미국 · 캐나다 · 포르투갈 · 이탈리아 · 노르웨이 · 덴마크 · 아이슬란드 등의 총 12개 국가가 참가하는 군사 동맹인 NATO가 출범하였다.**5**

---

4 브뤼셀 조약을 유럽방어공동체(European Defence Community)로 발전시키려는 노력이 있었지만, 실패하였고, 대신 1954년의 파리 회의를 통해 독일과 이탈리아가 가입하여 서부유럽연합으로 확대되었다. 냉전이 종식되면서 서부유럽연합은 EU의 공동안보방어정책(Common Security and Defense Policy)으로 대체되었다.

이와 같이 NATO가 탄생한 것은 세력 균형이 아니라, 소련의 서부 유럽에 대한 군사적 위협(threat) 때문이었다. 1949년 당시 세력 균형은 미국이 다른 모든 국가를 압도하고 있었다. 유일하게 핵무기를 보유하고 있었으며, 미국 경제는 세계 경제의 절반 정도를 차지하였다. 하지만, 미국은 서부 유럽 국가들을 위협하지 않았다. 즉 위협을 구성하는 요소 가운데 상대적 힘에서는 다른 모든 국가를 압도하였지만, 공격적인 의도(intention)를 보여주지 않았다.**6** 따라서 서부 유럽 국가들은 미국의 행동에 대해서는 위협을 느끼지 않았고, 미국이 참가하지 않은 상황에서도 덩커크-브뤼셀 조약 등을 통해 외부의 위협에 대응하였다. 반면 소련은 상대적인 힘에서는 미국에 비해 떨어지지만 동부 유럽을 점령하고 서부 유럽을 공격할 군사력을 배치하였기 때문에 더욱 강력한 위협이었다. 1945년에 세계대전이 종결되자 미국은 병력을 해산

---

5 냉전 기간 동안 NATO는 세 번에 걸쳐서 확대되었다. 1952년 2월에 그리스와 터키가 NATO에 가입하였으며, 1955년 5월에는 서독이 가입하고 서독군이 창설되었다. 1982년 5월에 스페인이 NATO 구성원으로 통합되었다. 그리고 냉전이 종식되면서 1990년 10월에 동독이 서독에 흡수되면서 NATO 관할지역이 확대되었다. 냉전 이후에도 1999년 3월, 2004년 3월 그리고 2009년 4월에 중부 및 동부 유럽 국가들이 NATO에 가입하였다.

6 위협을 구성하는 요소에 대한 명확한 합의는 없다. 월트(Stephen M. Walt)는 위협을 전체적 힘(aggregate power), 공격적 군사력(offensive power), 지리적 인접성(geographic proximity), 그리고 공격적 의도(aggressive intention)라는 네 가지 요인의 복합변수라고 주장하였다. Stephen M. Walt, *The Origins of Alliances* (Ithaca, NY: Cornell University Press, 1987). 이러한 네 가지 요인을 상대적 힘과 공격적 의도라는 두 가지 변수로 압축해서 분석하기도 한다.

[그림 2] 냉전 기간 NATO 군사력 배치

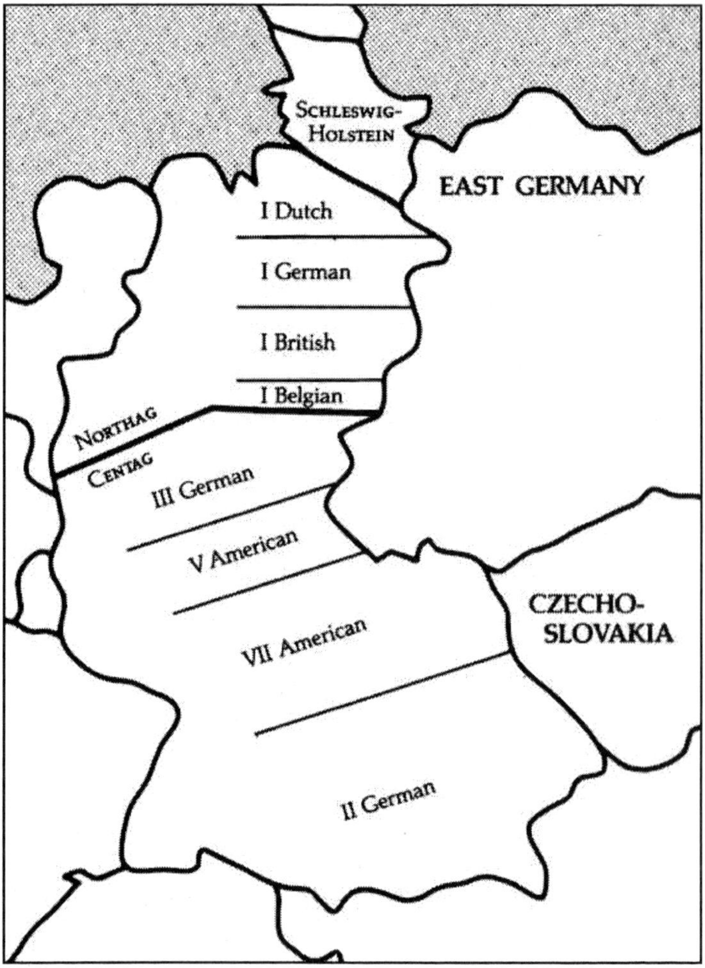

하였지만, 소련은 동원한 병력 가운데 상당 부분을 유지하였다. 1944년 말에 소련은 1,250만의 병력을 동원하였고, 미국은 소련이 450만 명을 여전히 해산하지 않고 동원 상태로 보유하고 있다고 판단하였다. 따라서 "175개 사단을 보유한 소련군에 미국은 오직 20개 사단 남짓으로 서부 유럽을 방어"한다는 평가가 등장하였다.[7]

반면 소련은 자신이 통제하는 동부 유럽 국가들을 통합하여 WP를 결성하였다. 1954년에 서독이 NATO에 통합되고 서독군이 창설되는 움직임이 공식화되자, 소련은 "독일군의 부활"을 용납하지 않겠다고 강조하면서 1945년 이후 현실적으로 존재하였던 소련의 동부 유럽에 대한 군사적 통제권을 제도적으로 강화하였다. 여기에는 정치협의체와 동맹국 연합군 사령부가 존재하였고, 연합군 사령관은 소련 국방차관이 자동적으로 임명되었으며, 참모총장 또한 소련군 참모차장이 겸임하도록 규정되었다. 덕분에 소련은 동부 유럽 국가들의 군사력을 제도적으로 통제할 수 있었다. 소련을 비롯하여 동독 · 루마니아 · 불가리아 · 알바니아

7 하지만 이러한 평가는 과장이었다. 1945년 여름에 소련은 부분적으로 동원령을 해제하였고, 따라서 보유 병력은 1947년에 287만 명으로 감소하였다. 또한 소련군 사단이 미국 및 서방 측 국가의 사단에 비해서 50~60% 정도의 병력만을 보유하였고 동시에 지원 병력이 부족했다는 사실을 고려한다면, 소련 지상군의 공격 능력은 더욱 저하된다. 그럼에도 불구하고 1946년 당시 서독 점령 및 방어를 위해 미국이 125,000명을 배치하였고 소련이 800,000명을 동독 및 동부 유럽에 배치하였기 때문에 "소련 지상군의 위협" 자체는 분명히 존재하였다.

· 체코슬로바키아 · 폴란드 · 헝가리 등 총 8개 국가가 WP에 가입하였고, NATO와는 달리 WP 가입 국가는 확대되지 않았다.[8] 소련은 WP를 통해서 동부 유럽에서 자신이 구축한 정치경제공동체(COMECON: Council for Mutual Economic Assistance)가 작동하는 데 필요한 군사적 제도를 만들었으며, 동시에 "독일"의 군사적 부활과 "미국의 공격"을 재래식 전력의 측면에서 억지하였다. 또한 소련은 이를 통해 동부 유럽에서 새롭게 만들어진 공산주의 국가가 자신의 통제권에서 벗어나지 않도록 개별 국가의 군사력을 통제하고 필요한 경우에는 동부 유럽 국가의 내부 문제에 WP를 동원하여 개입하였다. 또한 소련은 "사회주의 국가의 주권은 사회주의 전체의 이익을 위해 제한될 수 있으며, 특히 일부 사회주의 국가가 사회주의를 포기하고 자본주의로 전향하려고 하는 경우에는 모든 사회주의 국가들은 협력하여 이를 저지할 수 있다"는 브레즈네프 독트린(Brezhnev Doctrine)을 선포하였다.[9]

---

8 소련과 긴장관계에 있었던 유고슬라비아는 WP에 가입하지 않았고 비동맹국가로서의 지위를 유지하였다. 또한 알바니아는 중소분쟁이 시작되면서 WP에서 사실상 떨어져 나왔으며 1961년에는 WP에 대한 지지를 철회하였고, 이에 소련은 알바니아와의 외교관계를 단절하였다. 1968년에 체코슬로바키아 자유운동이 공산당 및 소련의 동유럽 지배에 도전하자, 소련이 WP 국가들을 동원하여 체코슬로바키아를 침공하였고, 이를 계기로 알바니아는 WP에서 완전히 탈퇴하였다.

9 냉전 이후 소련은 두 번에 걸쳐 동부 유럽의 국가를 침공하였다. 1956년 11월에 헝가리가 WP 탈퇴를 선언하자 침공하였으며, 1968년 8월에 체코슬로바키아를 침공하여 자유주의 운동을 말살하였다. 브레즈네프 원칙은 이러한 소련의 WP 국가에 대한 통제권을 정당화하는 논리로 작용하였다.

[그림 3] 냉전 기간 WP의 서부 유럽 침공 가능 통로

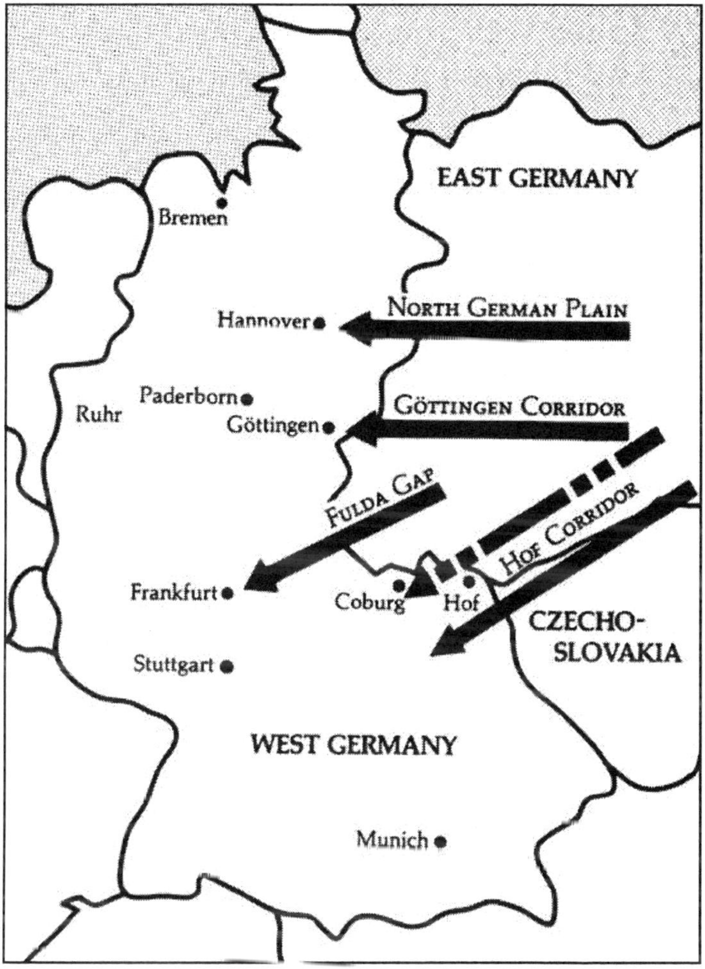

따라서 미국과 소련은 서로를 적대시하였고, 상대방과의 전쟁에 대한 다양한 계획을 수립하였다.**10** 1945년 이후 미국은 소련과의 전쟁을 제한적으로 상정하였고, 1946년에는 세계대전 당시 독일이 촬영하였던 소련에 대한 항공사진에 기초하여 소련 산업시설에 대한 핵공격을 준비하였다. 하지만 당시 미국이 제조하였던 핵폭탄은 그 위력과 숫자에서 충분하지 않았고, 따라서 소련을 완전히 파괴할 수 없었다.**11** 따라서 소련과의 전쟁은 제2차 세계대전과 같이 장기적으로—최소한 5년 동안— 진행될 것이며, 서독과 프랑스를 방어하는 것은 불가능하고 미국은 영국에 위치한 기지에서 소련을 공습하면서 반격해야 한다고 보았다. 특히 핵무기를 동원한 기습 공격은 무의미하며, 전쟁은 오랜 기간 동안 지속될 것이기 때문에 전쟁이 발발한 이후에 구축한 군사력으로 전쟁의 대부분이 진행된다고 보았다.

1950년대 초반에 들어가면서 수소폭탄이 개발되어 폭탄의 위력이 증가하였고 동시에 핵무기 생산량이 증가하였다. 미국은

---

10 냉전 초기 미국과 소련은 각각 상대방과의 전쟁을 상정한 다양한 계획을 수립하였다. 하지만 소련의 전쟁 계획에 대해서는 자료가 공개되지 않았고, 따라서 소련이 미국과의 전쟁을 어떻게 계획하였는지는 알려지지 않았다. 반면, 미국의 전쟁 계획은 상당 부분 공개되었고, 여기서는 미국의 전쟁 계획을 소개한다.

11 이러한 배경에서 1949년 5월에 하몬 보고서(Harmon Report)는 미국이 133개의 핵폭탄으로 소련의 70개 도시를 정확하게 공격한다고 해도 소련은 항복하지 않을 것이며, 소련은 유럽과 중동 그리고 아시아 지역에서 군사작전을 지속할 것이라고 보았다. 또한 미국의 핵공격으로 소련 산업 생산의 30~40%가 파괴되겠지만 추가 공격이 없다면, 이러한 피해는 쉽게 복구될 것이라고 지적하였다.

이러한 상황에서 보다 체계적인 계획을 수립하였고 핵전쟁 계획은 전략공군(SAC: Strategic Air Command)이 담당하였다. SAC은 제2차 세계대전의 경험에 기초하여 소련에 대한 폭격 계획을 수립하였다. 소련의 군사력이 아니라 도시와 산업시설을 공격하는 계획을 수립하였고, 핵폭탄이라는 새로운 무기를 사용한다는 측면에서만 제2차 세계대전 당시의 독일과 일본에 대한 전략폭격 작전과 차이가 있었다. 특히 SAC은 소련의 전쟁 수행 능력을 파괴하는 계획에 집중하였으며, 소련의 서부 유럽 공격을 저지할 수 있는 군사목표에 대한 공격에는 큰 관심을 두지 않았다. 1955년에 SAC은 소련 도시에 대한 집중적이고 동시다발적인 핵공격을 통해 소련의 전쟁 수행 능력을 파괴한다는 계획을 제출하면서, 핵공격이 시작되고 2시간이 지나면 소련은 "방사능 연기를 뿜어내는 폐허"가 된다고 주장하였다. 또한 SAC은 소련이 먼저 공격하고 미국이 방어 및 보복하는 것이 아니라 소련이 미국을 공격하려는 징후가 나타나는 경우에는, 소련을 선제공격(preemption)하는 것을 강조하였다. "SAC은 기다리지 않을 것이고, 소련에게 주도권을 넘기지 않겠다"고 선언하면서, 소련에 대한 "면밀한 정찰이 필요"하지만 미국은 선제공격을 할 것이기 때문에 소련의 공격에 대한 미국의 "대공 방어는 필요하지 않다"고 강조하였다.[12]

---

[12] David Alan Rosenberg, "A Smoking Radiating Ruin at the End of Two Hours: Documents on American Plans for Nuclear War with the Soviet Union, 1954~1955," *International Security*, Vol. 6, No. 3 (Winter 1981/1982), pp. 3~38.

SAC의 선제공격 선호는 미국의 공식 핵전략이 대량보복(massive retaliation)에 기초한 상황에서도 지속되었고, 대공 방어와 기습 출격 등에 필요한 훈련은 없었다. 1957년 9월에 이러한 부분이 지적되자, SAC 사령관(Curtis LeMay)은 "문제는 없다. 소련이 미국을 공격할 기미가 보이면, 나는 소련에 대한 선제공격을 감행한다"고 선언하였다. 이러한 행동은 국가 전략에 위배된다는 지적에 대해 사령관은 "나는 국가정책에 관심 없다"고 단언하였다.[13] 즉 1950년대 냉전의 군사화는 최소한 미국의 소련에 대한 선제 핵공격을 중심으로 이루어졌으며, 이것은 당시 미국이 공개적으로 선언하였던 대량보복 전략과는 배치되었다. 하지만 핵공격을 담당하는 SAC의 선제공격 경향이 교정되지 않았다는 측면을 고려한다면, 당시 미국은 소련에 대한 선제공격을 수용하였다는 것을, 또는 미국이 의미하였던 대량보복은 보복이 아니라 대량 선제공격이었다는 결론으로 귀결된다.

2. 냉전 시기 재래식 군사 경쟁의 핵심

미국과 소련이 핵폭탄과 탄도미사일 그리고 장거리 폭격기 등의

---

13 Fred Kaplan, *The Wizard of Armageddon* (New York: Simon and Schuster,1983), pp. 132~135.

전략 무기를 둘러싸고 경쟁하였다면, 미국과 소련의 재래식 군사력과 이를 보완하는 단거리 핵무기가 직접적으로 대치하였던 곳은 독일을 중심으로 하는 중부 유럽이었다. 미국과 소련은 이 지역을 방어하기 위해서 많은 노력을 기울였으며 엄청난 재래식 군사력과 병력을 집중하였다.

[그림 4] 냉전 기간의 베를린

상황은 제2차 세계대전의 역사적 산물이었다. 1944년 12월에서 1945년 2월 사이에 독일 야전군이 붕괴하고 1945년 5월에 나치 독일이 파멸하였다. 독일은 분할 점령되고 또한 독일 점령

4개국은 독일과의 공동 평화조약이 체결될 때까지 잠정적으로 수도 베를린을 공동 관할하기로 하였다. 또한 베를린이 위치한 독일 동부 지역을 점령하고 있던 소련은 베를린과 독일 "서부 지역" 사이에 항공로 3개를 공식 인정하였고 동시에 비공식적으로 도로와 철도를 통해 미국과 영국 그리고 프랑스가 베를린 점령지역까지 물자를 운반하는 권리를 묵인하였다. 하지만 냉전이 본격화되면서 미국과 소련은 독일 및 베를린 문제로 대립하였고, 1948년 6월 24일에 소련은 이전의 제한적이고 산발적인 봉쇄조치를 넘어서 베를린에 대한 지상 교통 및 물자와 전력 공급을 전면 봉쇄하였다. 이에 미국 측은 독일 점령국으로 자신이 행사할 수 있는 항공로를 이용하여 베를린이라는 하나의 도시가 소비하는 모든 물자를 항공 수송하였다. 서베를린 주민의 생존에는 하루 1,500톤의 식량과 3,500톤의 연료가 필요하였지만, 미국과 영국은 1948년 8월 말부터는 매일 1,500회의 비행으로 하루 4,500톤의 물자를 보급하였다.**14** 1949년 5월 12일에 소련은 봉쇄를 중지하고, 위기가 종식되었다.**15**

---

14 필요한 물자는 1948년 여름 기준이었고 겨울에는 난방용 연료로 하루 1,000톤의 석탄이 추가로 필요하였다. 하지만 미국 측은 이러한 추가 분량을 소화하기 위해서 소련의 봉쇄가 이루어지는 상황에서 아스팔트와 콘크리트 등을 공수하여 베를린 공항 활주로를 확장하였고 덕분에 겨울에 필요한 물자를 공급할 수 있었다.

15 봉쇄 기간 동안 미국은 178만 톤을, 그리고 영국은 54만 톤의 물자를 공급하였고, 그 가운데 3분의 2는 석탄이었다. 수송기 비행 횟수는 28만 회였으며, 그 총

하지만 베를린의 지위는 정상적이지 않았다. 독일이 분단되는 과정에서 미국 측 점령지역은 1949년 5월에 서독으로 주권이 이양되었고, 소련 점령지역에서도 10월에 동독이 수립되었다. 하지만 미국과 소련을 중심으로 하는 점령국의 공동 통제 지역인 베를린, 특히 서베를린은 제3의 지위를 가지고 있었다. 1949년에 소련은 독일 지역에 대한 점령을 일방적으로 종식하고 동베를린을 포함하는 점령지역 전체에 대한 주권을 동독 정부에게 이양하였다. 하지만 미국 측은 서베를린을 포함하는 베를린 전체를 미국 · 소련 · 영국 · 프랑스 "4개국 점령국이 공동으로 관리하는 점령지"로 인식하고, 베를린 점령은 점령 4개국 합의에 의해서만 종식될 수 있다고 보았다. 동서독 정부가 수립된 1949년 이후에도 미국 측의 공식 입장은 서베를린은 서독의 일부가 아니며 서독 헌법과 법률이 적용되지 않는다는 것이었다.[16] 베를린은 형식상 점령국 사령관을 "국가원수"로 하는, 그리고 그 밑에서 실무를 담당하는 선출직 시장(Governing Mayor)이 존재하는 독립 도시국가(free city)였으며, 여기에 동베를린도 포함된다는 것이 미국 측의 논리였다. 하지만 동베를린은 동독의 일부이자 동독의 수도이기

연장 거리는 1억 4,720만 km로 지구에서 태양까지의 거리와 비슷하다. 봉쇄가 가장 많이 이루어졌을 때, 베를린에서는 30초마다 한 대의 수송기가 착륙하였다.

16 하지만 서베를린 의회는 서독 헌법과 법률과 동일한 내용의 서베를린 헌법과 법률을 의결하였기 때문에 법률관계에서는 혼란이 발생하지 않았다. 그렇지만, 서베를린의 독특한 지위 때문에 서베를린 주민들은 서독 선거에서 투표권이 없었으며 동시에 서독 국민들에게 부여되었던 병역 의무 또한 부담하지 않았다.

때문에, 실질적으로 특수 지위는 서베를린에만 적용되었다.

문제는 서베를린이 "서방 측 섬"으로 동독 한복판에 놓여 있다는 사실이었으며, 이것은 동독 입장에서는 상당히 심각한 정치적 문제로, 그리고 동독의 후견인인 소련 입장에서는 매우 골치 아픈 외교 문제로 작용하였다. 1949년 이후 동독 주민들은—특히 젊고 교육을 많이 받은 동독 주민들은— 서독으로 탈출하였으며, 이 때문에 동독 정권은 심각한 위기에 직면하였다. 1961년까지 탈출한 동독 주민은 전체 인구의 20%에 육박하였고 1959년에 120,230명, 1960년에 182,278명, 1960년에는 10월까지 152,000명에 달하였다.[17] 이에 1961년에 소련과 동독은 베를린 문제를 해결하는 "확실한 방안"을 집행하였다. 동독 정부는 8월 12일에 장벽 설치를 공식 결정하였고, 다음날 새벽부터 서베를린 지역을 봉쇄한 다음 장벽 공사를 시작하였다. 동서 베를린을 연결하였던 도로와 철도가 파괴되고 철조망이 임시로 가설되었으며, 최종적으로는 200km에 달하는 "베를린 장벽"(Berlin Wall)이 설치되었다.[18]

장벽 설치 자체는 위기로 이어지지 않았다. 하지만 이후

---

17 Hope M. Harrison, *Driving the Soviets Up the Wall: Soviet–East German Relations, 1953~1961* (Princeton, NJ: Princeton University Press, 2003), p. 158.

18 장벽 설치가 결정되기 이전인 1960년 11월 30일에 소련과 동독의 정상회담을 개최하였고, 여기서 소련은 "동독의 이익이 소련의 이익이다"는 주장을 펼치면서 동독의 베를린 장벽 설치를 적극적으로 지지하였다.

미국과 소련이 새로운 환경에 적응하는 과정에서 위기가 발생하였다. 10월 22일에 서베를린 주재 미국 외교관(Allan Lightner)이 오페라 구경을 위해 동베를린으로 들어가자 동독 경찰이 제지하였다. 이에 미국은 미국 대사관 번호판을 장착하고 외교 차량 깃발을 게양한 차량을 동원하여 다른 외교관(Albert Hemsing)을 동베를린으로 "파견"하였다. 동독 경찰이 등장하여 신분증을 확인하자, 미국은 헌병을 보내서 미국 외교관을 "보호"하고 동베를린 전체를 통과하여 서베를린으로 귀환하였다. 27일에 동일한 상황이 재현되었으며, 그 과정에서는 아무런 충돌이 없었다. 하지만, 귀환 직후 미국과 소련 전차가 검문소(Checkpoint Charlie)에서 대치하였다. 100m 정도의 거리를 두고, 미국과 소련 전투 병력이 27일 오후 5시에서 28일 오전 11시까지 대치하였으며, 양쪽은 동시에 물러서기로 합의하면서 상황이 종료되었다.

이러한 과정을 거치면서 베를린은 정치적으로 포기할 수 없는 상징이 되었다. 서베를린의 지리적인 위치 때문에 동독 또는 소련이 서베를린을 공격하는 경우에는 미국이 군사적으로 서베를린을 방어하는 것은 현실적으로 불가능하였다. 하지만 방어 가능성을 이유로 포기하기에는 서베를린이 가진 정치적인 상징성은 너무나도 중요하였다. 냉전 초기 막대한 비용을 지불하면서 미국은 물자를 공수하였으며, 베를린 장벽이 만들어진 이후에서 서베를린을 보호하기 위해 많은 노력을 다하였다. 이러한

[그림 5] 서베를린에서 연설하는 케네디 (1963년 6월 26일)

노력은 1963년 6월 26일에 케네디 대통령에 의해서 매우 상징적으로 과시되었다. 서베를린을 방문한 자리에서 케네디는 "나는 베를린 시민입니다"(Ich bin ein Berliner: I am a Berliner)라고 선언하였고, 미국의 서베를린에 대한 정치적 의지를 확고하게 과시하였다.

3. 미국과 소련의 핵무기 전력 경쟁

군사화된 냉전의 핵심은 미국과 소련의 핵무기 경쟁이었다. 1938년 12월에 독일 과학자들이 핵분열 반응을 발견하면서 핵무기 제조 가능성이 현실적으로 부각되었다. 독일과 영국, 그리고 프랑스 과학자들이 핵무기 연구를 시작하는 가운데, 독일에서 이주한 과학자들은 미국 정부에 "독일이 먼저 핵무기를 개발해서는 안 된다"고 경고하였고, 이에 기초하여 1939년에 미국은 핵무기 개발 가능성을 검토하는 위원회를 발족하였으며 1941년에 본격적으로 핵무기를 제조하는 맨해튼 계획이 시작되었다. 소련 과학자들은 1942년에 독일과 미국 그리고 영국 등이 핵무기를 제조하고 있다고 경고하였고, 스탈린은 핵무기 계획을 1943년에 발족시켰다. 하지만 독일과의 전쟁으로 많은 자원이 투입될 수는 없었고, 결국 전쟁이 끝난 이후인 1946년 1월에서야 본격적으로 계획이 추진되었다.[19]

핵무기 경쟁에서 미국은 1945년 7월에 핵실험에 성공하였고 8월 6일과 9일에 각각 히로시마와 나가사키에 핵무기를 투하하였

---

19 핵무기 개발을 위해서 핵물리학 전공자들이 동원되었고, 따라서 1939년/40년 이후 주요 학술지에서 핵물리학 연구 논문이 사라졌다. 이러한 사실에 기초하여 소련의 한 핵물리학자(Georgy Flyorov)라는 독일과 미국 등의 서방 국가가 핵무기 개발을 시작했다고 추론하고 1942년 4월에 자신의 주장을 스탈린에게 보고하였다.

다. 미국 핵무기에 대한 정보가 소련 첩보조직을 통해 유입되었고, 핵물리학 학술지와 미국이 공개한 정보는 소련 핵개발에 큰 도움이 되었다. 소련은 1949년 8월 29일에 원자폭탄 실험에 성공하였다. 미국의 핵무기 독점이 무너졌으며, 이후 원자폭탄을 넘어서 수소폭탄을 개발하는 경쟁이 시작되었다. 미국은 1952년 11월 1일에 핵융합 폭발장치를 실험하였다. 하지만 이러한 장치는 군사 무기로 사용할 수 있을 만큼 실용적이지 않았고, 1954년 3월 1일에 "사용 가능한 무기"로서의 수소폭탄 실험에 성공하였다. 소련은 1953년에 초기 단계 실험에 성공하였으며, 이것을 개량하여 1955년 11월 22일에는 항공기에서 투하하는 방식으로 수소폭탄 실험에 성공하였다. 이후 소련은 폭발력 증가에 주력하여 1961년 10월 30일에 50메가톤 위력의 수소폭탄 실험에도 성공하였다.[20]

핵무기를 운반할 수 있는 탄도미사일 경쟁에서 소련이 우위를 확보하였다. 미국과 소련은 1945년 직후 독일 과학자 및 기술자

---

20 미국의 수소폭탄은 액체 중수소(liquid deuterium)를 사용하였기 때문에 무게 20톤의 냉각장치가 필요하였으며, 전체 무게 또한 80톤에 육박하였다. 이후 미국은 수소화리튬(lithium hydride)을 사용하는 수소폭탄을 개발하여 1954년 3월에 성공하였다. 소련은 처음부터 수소화리튬을 사용한 수소폭탄을 개발하였으며, 항공기에서 실험용 폭탄을 투하함으로써 무기로서의 수소폭탄이 가지는 효과를 극적으로 보여주었다. 1961년 10월에 성공한 소련의 수소폭탄은 역사상 최대 폭발력을 기록하였다. 최초 설계에 따르면 폭발력 100메가톤이었지만, 실험 목적을 위해 위력을 절반으로 축소하였다. 소련은 이 실험에서도 항공기에서 폭탄을 투하하였다.

들을 통해 탄도미사일 기술을 확보하고, 1940년대 말에는 미사일을 복원하였다. 1957년 10월에 소련은 최초의 인공위성인 스푸트니크(Sputnik)를 지구 궤도에 올리는 데 성공하였으며, 1961년 4월에는 인류 최초의 유인 우주 비행에 성공하였다. 반면 미국은 미사일 발사에 실패하면서, 인공위성 및 우주 비행에서 미국은 각각 1958년 1월과 1962년 2월로 소련에 뒤처졌다. 당시 소련은 핵무기를 보유하고 있었지만 이것을 미국 본토로 운반할 수단은 가지고 있지는 않았다. 따라서 소련은 자신의 열세를 감추기 위해서 전략 능력을 과장하고 항공기와 탄도미사일을 통해 미국 본토를 공격할 수 있다고 강조하였으며, 이러한 인상을 심어주기 위해 많은 노력을 기울였다.[21] 덕분에 미국은 소련이 미국을 폭격기 및 탄도미사일에서 압도하고 있다는 과장된 인식에 휩쓸렸다. 하지만 소련은 미국을 공격할 수 있는 탄도미사일을 대량생산하지 못했으며, 소련이 자랑하던 "로켓 수 백기"는 존재하지 않았다.[22]

---

21 소련은 노동절(May Day) 또는 혁명 기념일(11월 6일) 군사 행진을 통해 폭격기와 미사일 등을 공개하였다. 특히 1955년의 행사에서 전략 폭격기(M-4, Bison) 10대를 동원하여 6회 반복 비행시킴으로써, "관객"들에게는 소련이 보유한 장거리 폭격기가 최소한 60대가 된다는 인상을 심어주었다. 또한 서방측은 소련이 1954년 5월에 처음 공개한 폭격기를 1년 동안 60대나 생산하였다는 "사실"을 충격적으로 받아들였으며, 특히 언론은 소련이 몇 년 이내에 600대의 장거리 폭격기를 보유할 수 있다고 추정하였다.

22 초기 로켓은 매우 불안정하였고, 특히 로켓 연료 및 산화제의 부식성 때문에 문제가 발생하였다. 소련은 로켓 연료를 따로 생산 및 운반하지 않고 발사대에

미국 정부는 보다 정확한 정보가 존재하는 경우에는 위기를 회피할 수 있다는 논리를 전개하였다. 1955년 7월에 미국은 "상호 영공 공개"(Open Skies)를 제안하고 당시 소련 국방장관 주코프(Georgy Zhukov)는 이러한 제안에 찬성하였지만, 흐루시초프는 상호 정찰로 소련 핵전력의 "진정한 규모"가 드러날 것을 우려하여 미국의 제안을 거부하였다.[23] 이에 미국은 "일방적인 영공 공개"를 강제하였다. 미국의 U-2 정찰기는 21,000m 상공을 비행하면서 소련의 대공미사일이나 전투기의 요격을 피할 수 있었고, 1956년 7월부터 서독과 일본에, 그리고 1957년 7월에 파키스탄에 배치되어 소련 탄도미사일 및 폭격기 기지 등을 촬영하였다. 하지만 1960년 5월 1일에 소련은 대공미사일로 미국 정찰기를 격추하였다. 이후 미국은 고공 정찰기가 아니라 인공위성을 사용하여 소련의 영공을 "침범"하지 않고 소련을 정찰하는 방안을 강구하였다. 1960년 8월에 미국은 로켓 발사와 정찰위성의 궤도 진입 그리고 필름 회수까지 모두 성공하고 보다 상세한 정보를 확보하였다.[24]

연료 생산설비를 일회용으로 구축하였으며, 연료를 주입한 이후 24시간 이내에 발사 또는 연료관 및 연료 전체를 교체해야 했다. 그럼에도 불구하고 사고는 빈발하였다. 1960년 10월에 발사 실험 과정에서 소련 최초의 ICBM 로켓이 폭발하여, 참관하였던 전략로켓군 사령관(Mitrofan Nedelin) 장군을 비롯한 82명이 사망하였다. Sergei N. Khrushchev, *Nikita Khrushchev and the Creation of a Superpower* (University Park, PA: Pennsylvania State University Press, 2000), pp. 416~425.

23 Aleksandr Fursenko and Timothy Naftali, *Khrushchev's Cold War: the Inside Story of an American Adversary* (New York: W. W. Norton, 2006), pp. 43~47.

24 최초의 인공위성 정찰을 통해, 미국은 U-2 정찰기 24회 비행에 해당하는 정보를

4. 소련과 중국의 갈등

소련과 중국은 같은 공산주의 국가이기는 했지만, 그 관계가 원만하지 않았다. 1911년에 중국에서 신해혁명이 발생하여 청(淸)나라가 멸망하고 공화국이 출범하였지만 혼란은 지속되었다. 일본 등은 지속적으로 중국에 대한 영향력을 행사하고, 경제적 침투와 영토적 침범을 지속하였다. 그 결과 중국의 통일성이 저해되었으며, 중국은 군벌과 개별 군벌과 연결된 외국 세력에 의해 분할되었다. 신해혁명의 주축이었던 중국 국민당은 중국 남부로 밀려났으나, 1923년에 소련이 국민당 정부를 승인하고 군사 원조를 시작하면서 상황이 변화하였다. 소련 고문단이 군대와 국민당 조직을 소련군과 공산당과 유사한 형태로 조직하였고, 장제스(蔣介石)로 대표되는 국민당 정부군 장교들은 소련에서 훈련을 받았다. 중국 공산당은 소련의 "제안"에 따라 국민당과 연합하면서 국공합작이 시작되었다. 1926년에 국민당 · 공산당 연합 정부의 북벌(北伐)이 시작되었으나, 국공합작은 오래가지 못했고 1927년 4월에 장제스를 중심으로 하는 국민당 우파는

확보하고 이전까지는 찾아내지 못했던 64개의 비행장과 26개의 새로운 내공미사일 기지를 파악할 수 있었다.

공산당 세력을 파괴하였다. 국민당 정권은 1928년 여름에 북경과 만주 지역까지 통제하면서 중국 통일을 완성하였다.[25] 이후 소련은 중국 문제에 거의 개입하지 않았고, 공산당 운동을 지원하지 않았다. 노동자보다는 농민에 초점을 맞춘 마오쩌둥의 정책에 대해 소련 고문단은 비판적이었고, 중국 공산혁명은 소련의 지원 없이 농민에 기초하여 이루어졌다.

1945년 이후 소련이 만주를 점령하고 일본군의 무장해제를 담당하면서 중국 공산당과 소련의 관계는 복원되었다. 소련은 만주에 주둔하였던 관동군 병력의 무기를 공산당 군대에게 제공하였으며, 자신의 점령지역에서 공산당 세력이 확대되도록 지원하였다. 그리고 1949년 10월에 공산당이 중국 내전에서 승리하고, 마오쩌둥은 소련을 방문하여 1950년 2월에 중소우호동맹원조조약(Sino-Soviet Treaty of Friendship, Alliance and Mutual Assistance)이 체결되었다. 이를 통해 소련은 제2차 세계대전의 결과로 확보한 만주 지역의 이익을 포기하였고 중국에 3억 달러 규모의 유상원조를 제공하였다.

한국전쟁이 벌어지고 예상과 달리 미국이 신속하게 개입하

---

25 하지만 이러한 북벌과 중국의 통일은 명목적인 것이었다. 중국 남부에서는 군벌이 제거되었지만, 중국 북부와 만주 지역에서는 군벌 세력이 존속하였고, 국민당 정부의 관할에 들어갔다고 해도 실질적인 지배 및 통제권은 군벌이 장악하고 있었다. 또한 만주 지역에서는 철도 보호를 위해 일본이 러일전쟁 직후인 1906년부터 군사력(關東軍)을 배치하고 있었고, 따라서 국민당 정부의 통제권에서 사실상 독립된 상황이었다.

자, 중국은 지상군을 동원하여 참전하였지만 소련은 지상군은 동원하지 않았고 매우 제한된 범위에서 공군력만을 제공하였다.[26] 한국전쟁 이후 소련은 중국에 원조를 제공하면서 경제개발을 지원하였지만, 1956년 흐루시초프의 스탈린 격하운동은 중국과 소련의 갈등을 촉발하였다. 중국은 자본주의와의 충돌이 불가피하다고 보았고, 따라서 소련이 새롭게 제시하는 평화공존(peaceful coexistence) 주장을 거부하였다. 또한 중국이 단기간에 산업생산량을 증가시킨다는 대약진운동을 시작하자, 소련은 경제 지원을 중단하였고 결국 양측의 관계는 파국에 직면하였다.[27]

이와 같은 갈등은 1960년대에도 이어졌다. 흐루시초프 실각 이후인 1964년에 모택동은 소련이 사회주의 국가가 아니라 자본주의 국가라고 비난하면서 소련과 중국 사이에 전쟁이 가능하다고 지적하였고 중국 공산당과 소련 공산당은 관계를 단절하였다. 소련이 모든 지원을 철회하였던 상황에서 1964년 10월에 중국은 핵무기 실험에 성공하면서 핵무기 보유 국가의 대열에 들어섰고,

---

26 소련은 1950년 11월부터 북한 지역에 공군을 배치하였고, 북한과 중국 국경지대에서 작전하면서 미국 공군을 공격하였다. 전쟁 기간 동안 모두 52명의 소련군 조종사가 5대 이상의 미국 비행기를 격추하여 에이스가 되었으며, 총 1,100대 이상의 미국 비행기(전투기와 폭격기)가 격추되었다.

27 대약진운동은 재앙을 가져왔다. 중국의 생산 능력은 심각하게 약화되었으며, 농업 생산의 감소로 전체 인구의 5%인 3,000만 명 정도가 사망하였다. 일부는 대약진운동에서 희생된 사람이 4,200만 명에 달한다고 추정하기도 한다. 이와 함께, 정치적 혼란으로 400만 명 정도가 살해되거나 자살하였다고 추정된다

1966년에는 문화대혁명이 시작되면서 중국과 소련의 관계는 더욱 악화되었다. 1967년 1월에 홍위병(紅衛兵)은 베이징 주재 소련 대사관을 습격하였고, 중국은 19세기에 러시아가 중국 청나라에게 "강탈하였던 영토" 문제를 제기하였다. 소련은 중국과의 전쟁 가능성을 고려하여 국경에 군사력을 집중시켰고, 제한된 형태의 무력 충돌이 1964년부터 지속되었다. 1969년 3월에 하바로프스크(Khabarovsk)를 지나는 우수리강(Ussuri River)에 있는 섬(珍寶島, Damanskii Island)에서 중국군이 소련 국경경비대를 매복 공격하면서 대규모 충돌이 발생하였다. 소련은 중국에 대한 전면 공격을 고려하였고 이 경우에 미국의 반응을 타진하면서, 가능하다면 미국과 소련이 연합하여 중국을 공격하는 방안을 검토하였다. 국경 분쟁은 1969년 11월에 합의를 통해 해결되었지만, 관계는 복원되지 않았다. 전투 자체의 사상자는 크지 않았지만, 이러한 충돌을 통해 중국은 "소련의 위협"을 새삼스럽게 인식하였으며 이에 기초하여 새로운 외교 정책을 추진하였다. 그리고 이러한 외교 정책의 변화는 냉전 전체 구도에까지 영향을 미치는 미국과 중국의 연합으로 이어졌다.

5. 서독 재무장과 핵무장 문제

냉전 기간 가장 중요한 NATO 군사 사항은 미국에 의한 서독 재무장이었다. 두 번의 세계대전에서 독일은 뛰어난 군사적 효율성을 보여주었으며, 제2차 세계대전에서는 영국을 제외한 서부 유럽 전체를 점령하였고 동시에 소련군과의 전투를 경험하였던 유일한 국가였다. 서독이 최소한 서부 유럽에서는 가장 많은 인구와 가장 발달된 공업 능력을 보유하였기 때문에, 군사적 잠재력의 측면에서도 막강하였다. 냉전이 군사화되고 1949년에 NATO가 창설되면서, 미국은 유럽을 방어하기 위해서는 서독 재무장이, 즉 "독일군의 등장"이 필요하다고 보았다.**28** 하지만 1945년까지 "독일군"의 점령에 시달렸고 "독일군"과 전투를 수행하였던 서부 유럽 국가들은 이에 극렬하게 반대하였다. 하지만 한국전쟁으로 "소련의 침공 위협"이 본격적으로 논의되면서, 서부 유럽 국가들은 최소한 군사적으로는 서독군 창설이 필요하다는 데 합의하였다. 다만 과거 나치 독일의 독일군(Wehrmacht)과는 다른 민주주의 국가인 서독의 군사력으로의 서독군(Bundeswehr)이 필요하였다. 따라서 새롭게 창설되는 서독군은 독자적인 행동이 제약되어 NATO 지휘 하에 배속되었고, 특히 미군 장성이 사령관으로 있는 NATO 통합지휘체제의 일부로서만 작전할 수 있었다.**29**

28 1946년 8월에 독일군이 해산되고 1955년 11월에 서독군이 창설되기까지 서독의 방어는 미국·영국·프랑스 등의 서독 점령국이 담당하였다. 또한 동독에서도 1956년 3월에 동독군이 창설되기까지 소련군이 동독 방어를 담당하였다. 하지만 동서독 군사력이 창설된 이후에도 미국과 소련은 지속적으로 독일에 주둔하였다.

29 서독군의 창설은 서독의 정치적 지위 문제와 직결되어 있었다. 서독이 완전한 주권을 가지지 못하고 미국·영국·프랑스에 의해 점령된 상태에서는 서독

케난은 서독군에게 상당한 독립성을 부여하는 방안에 지지하였다. "독립된 독일군은 나쁜 방안이지만, 유일한 방안"이라는 것이 케난의 판단이었다. 즉 당시 미국 및 서부 유럽 국가들은 1914년 이전과 같이 독일이 서부 유럽에서 패권을 행사하는 것을 수용하고 대신 독일이 소련의 팽창을 봉쇄하는 것이 필요하다고 보았다. 하지만 "독립된 서독군 창설"에 대해서는 모든 국가가 반대하였고, 결국 창설된 것은 "미국이 통제하는 서독군"이었다.**30** 이러한 방식에 대해서는 소련도 만족하였다. 두 번의 세계대전에서 독일과 전쟁을 치렀고 이로 인하여 많은 피해를 입었던 소련은 독일군의 부활에 의혹의 눈초리를 보였다. 따라서 "독립된 독일군"이 창설되는 경우에 소련은 예방적인 차원에서 서독을 공격할 가능성이 있었으며, 소련 외교관과 고위 장성들은 이러한 가능성을 공공연하게 거론하였다. 따라서 서독군의 독립성은 제한되어야 하며, 미국이 유럽에 군사력을 주둔하면서 서독의 군사력 및 힘에 대한 견제작용을 하는 것이 필수적이었다. 그리고 미국의 서독에 대한 통제 수단으로 출발하였던 것이 바로 NATO였다. 초대 NATO 사무총장을 역임하였던 이스메이(Hastings Ismay)가

정부와 국민들은 서독군 창설에 협력하지 않을 것이었다. 따라서 서방 국가들은 서독 정부와의 협상을 통해 많은 양보를 하였고, 독자적인 평화조약을 체결하였다.

30 Marc Trachtenberg, *A Constructed Peace: The Making of the European Settlement, 1945~1963* (Princeton, NJ: Princeton University Press, 1999), pp. 95~145.

지적하였듯이, NATO의 목적은 세 가지였다. 우선 미국이 유럽 대륙에 주둔하는 것(Keep the Americans In), 두 번째가 소련이 서부 유럽을 침공하지 못하도록 억지하는 것(Keep the Russians Out), 그리고 마지막이 독일이 다시 공격적으로 행동하지 못하도록 통제하는 것(Keep the Germans Down)이 그것이다. 1949년에 NATO는 미군 주둔과 소련 억지라는 목적을 수행하기 위해서 만들어졌지만, 1955년에 서독이 NATO에 가입하면서 바로 그 목적을 수행하기 위해 만들어진 독일 군사력의 통제라는 또 다른 목적을 위해서 작동하였다.[31]

1953년에 미국은 새로운 핵무기 정책을 추진하였다.[32] 아이젠하워(Dwight D. Eisenhower) 행정부의 "신정책"(New Look)은 미국이 아니라 유럽 국가들이 유럽의 방어를 책임져야 한다는 것으로 미국은 필요한 경우에는 서독을 포함한 NATO 국가들에게 핵무기까지 제공하겠다고 결정하였다. 아이젠하워 행정부는 미국은 "유럽 국가들에게 핵무기 부분에서 보다 관대"할 필요가 있다고 보면서, 소련이 침공하는 경우에는 즉각적으로 핵무기를 사용한

---

31 또한 서독군은 3개 부대로 분할되어 영국-미국 지상군 사이에 배치되었다. 따라서 [그림 2]에서 나타나는 특이한 군사력 배치(layer cake)가 등장했다. 동시에 서부유럽 국가들은 서독 방어에 자신들의 군사력을 전진 배치함으로써 자신들의 의지를 천명하였다.

32 John Lewis Gaddis, *Strategies of Containment: A Critical Appraisal of American National Security Policy During the Cold War*, Revised and Expanded Edition (Oxford: Oxford University Press, 2005), pp. 125~196.

다고 결정하고 동시에 유럽 국가들에게도 핵무기를 사용할 수 있다고 탄두를 제공하였다.33 1954년 12월에 NATO 회의에서 승인된 MC48을 통해 미국은 NATO 사령관의 판단에 따라서 핵무기를 사용할 수 있으며, NATO 국가들이 각자 핵무기를 개발하기 위해 자원을 낭비할 필요가 없도록 미국이 핵무기를 제공한다고 결정하였다.34 여기에는 서독까지 포함되었다. 서독 공군기지에는 서독 공군 조종사가 탑승한 서독 공군 비행기가 미국이 제공한 핵무기를 탑재하고 활주로 끝에 대기하고 있었다. 미국이 가지고 있는 핵폭탄 통제권은 비행기 옆에서 소총을 가지고 폭탄을 "경비"(guard)하고 있는 병사에 국한되었다.35

이와 같은 핵무기 확산과 의존은 두 가지 문제를 유발하였다. 우선 소련도 핵무기를 보유한 상황에서 전쟁 초기부터 핵무기를 사용하는 것은 지나치게 위험하였다. 이것이 지나치게 위험한 전략이기 때문에 과연 미국이 소련의 서부 유럽 침공에 핵무기를 사용할 것인가에 대한 신뢰성(credibility)이 약화되었고, 이러한 신뢰성 약화는 미국의 소련에 대한 억지 그 자체를 위협하였다. 아이젠하워 행정부는 이와 같은 문제점을 인식하였고, 따라서

---

33 Trachtenberg, *A Constructed Peace*, pp. 156~178.

34 MC48의 공식 명칭은 "The Most Effective Pattern of NATO Military Strength for the New Few Years"로, 1954년 11월에 작성되었으며 NATO 회의에서의 최종 승인은 12월 17일에 이루어졌다. 문서 원문은 http://www.nato.int/docu/stratdoc/eng/a541122a.pdf에서 찾을 수 있다. (2012년 7월 24일 검색)

35 Trachtenberg, *A Constructed Peace*, p. 195.

미국은 1950년대 중반부터 "신정책"이 가지는 문제점을 극복하기 위한 다양한 방안을 모색하였다. 결국 1961년에 케네디 행정부가 미국 핵전략을 유연반응전략(Flexible Response)으로 변경하였지만, 이러한 변경의 필요성은 이미 아이젠하워 행정부도 인정하였다.**36** 두 번째 문제는 소련의 반발이었다. 소련은 서독군 창설을 "독일군의 부활"로 받아들이고 반발하였지만, "미국이 통제하는 서독군" 자체는 수용하였다. 하지만 미국이 서독에게 핵무기를 제공하고 동시에 서독이 독자적인 핵무기를 제조하려고 하는 상황은 용납할 수 없었다. 1955년 9월에 모스크바를 방문한 서독의 아네나워(Konrad Adenauer) 수상은 소련과의 외교관계를 수립하고, 서독의 NATO 가입에 대한 소련의 반발을 무마하였다. 하지만 소련에게 독일의 핵무장은—그것이 서독 독자 핵무장이든 아니면 NATO를 통한 것이든, 서독이든 동독이든— 결코 용납할 수 없었다. 더군다나 1958년 3월에 아데나워는 의회 연설에서 서독이 핵무기를 보유할 수 있도록 법률을 개정해야 한다고 주장하였고, 따라서 엄청난 논란이 발생하였다.**37**

따라서 미국은 다양한 선택을 가지고 소련의 다양한 공격에

36 예를 들어 1956년 2월에 의회지도부와의 회동에서 아이젠하워는 핵균형(nuclear parity) 때문에 핵전쟁은 무의미하다고 주장하였고, 1957년 4월에 국무장관 덜레스(John Foster Dulles)는 전면 핵전쟁으로 모든 문제를 해결할 수는 없다고 지적하였다.

37 Fursenko and Naftali, *Khrushchev's Cold War*, pp. 186–189.

대응하려고 하였다. 기존 핵전략을 수정하여 공식적으로 유연반응전략을 제시하면서, 미국은 소련의 모든 도발에 핵무기를 사용하기보다는 소련의 재래식 전력에 의한 공격에 대해서는 재래식 전력으로, 그리고 핵무기에 의한 공격에 대해서는 핵무기를 사용하여 대응하겠다고 천명하였다. 또한 핵무기 사용에 있어서도 경직성을 탈피하여 보다 다양한 전쟁 계획을 수립하였고, 소련의 도발 때문에 같은 공산주의 국가인 중국에 대한 핵무기 사용이 자동적으로 결정되는 상황을 피하려고 하였다.**38** 다른 방안은 서독의 핵무기 보유를 봉쇄하는 것이었다. 그리고 서독의 핵무기 보유를 봉쇄하면서 서독만을 차별한다는 인상을 남기지 않기 위해서 다른 모든 국가의 핵무기 보유를 봉쇄하였다. 이러한 목표를 위해 사용된 제도적 수단이 핵확산금지조약(NPT: Nonproliferation Treaty)이었으며, 일차 단계로 부분 핵실험 금지조약(Partial Test Ban: Treaty Banning Nuclear Weapon Tests in the Atmosphere, in Outer Space and Under Water)이 추진되었다.**39** 독자적인 핵무기 보유를

---

38 당시 전쟁 계획에 따르면, 소련과의 전쟁이 발생하는 경우에 미국은 자동적으로 중국에 대한 핵무기 공격을 감행하도록 되어 있었다. 1961년 10월에 케네디 대통령은 이러한 경직성을 수정하라고 지시하였다. Scott D. Sagan, "SIOP-62: The Nuclear War Plan Briefing to President Kennedy," *International Security*, Vol. 12, No. 1 (Summer 1987), pp. 22~51.

39 부분 핵실험 금지조약은 지하 핵실험은 허용하였다. 따라서 지하 핵실험까지 금지하는 전면 핵실험 금지조약(Comprehensive Nuclear-Test-Ban Treaty)이 1996년 9월에 UN 총회 결의의 형태로 채택되었지만, 2012년 5월까지도 공식적인 효력이 발생하지 않고 있다.

추구하였던 서독 정부는 이러한 움직임에 저항하였지만, 미국과 소련은 협력하여 서독에 압력을 가하였으며 결국 1963년 8월에 모스크바에서 부분 핵실험 금지조약이 체결되었고 서독은 이에 가입하였다. 이러한 방식으로 서독의 핵무기 보유를 포기하였다. 그리고 미국은 서독으로 대표되는 유럽 대륙에 기약 없이 군사력을 배치하게 되었다. 동시에 미국과 소련을 포함하는 유럽 국가들은 동독과 서독의 분단을 수용하고 독일 통일은 먼 미래의 가능성으로 남겨두었다.

덕분에 냉전은 안정적으로 유지될 수 있었다. 그리고 미국과 소련은 냉전을 안정화시키는 데 협력하였다. 이와 같은 협력의 경험과 성과는 이후 냉전의 전개 과정에 많은 영향을 주었다. 특히 냉전의 군사화와 이후 불안정성의 배경으로 작용하였던 유럽에서의 군사력 균형 문제와 서독 핵무장 문제가 해결되면서, 냉전은 정치적인 경쟁으로 변화할 수 있었다. 그리고 이렇게 정치화된 냉전은 상당 부분 안정적으로 유지되었다.

제4장

냉전의 정치화: 데탕트와 안정적 평화, 주변부 전쟁 그리고 강대국 중국의 등장

냉전 기간 미국과 소련은 항상 대립하지는 않았다. 이른바 냉전의 경쟁은 상황에 따라서 완화되었으며, 국제체제의 구조로 표현되는 강대국의 숫자 또는 극성(polarity)에서 변화가 없었지만 미국과 소련의 관계는 큰 변화를 보여주었다. 미국과 소련은 1945년 이후 지속적으로 대립하였고 그 대립은 단순한 정치적 차원을 넘어 군사적 대립과 충돌로까지 확대되었지만, 1960년대 중반부터 대립은 완화되었다. 이전에는 드물었던 정상 회담이 정례화되고, 핵확산을 방지하기 위해 부분 핵실험 금지조약에 미국과 소련이 합의하였다. 또한 쿠바 미사일 위기와 같은 갑작스러운 위기 상황에서 상대와 의사소통을 하기 위해 핫라인(Hotline)이 1963년 6월에 가설되었다. 그리고 이를 통해 미국과 소련은 서로에 대해 더욱 많은 것을 알게 되었고, 동시에 제한적이지만 신뢰가 구축되었다.[1]

이후 냉전 경쟁은 완화되었다. 미국과 소련은 많은 부분에서 정치적으로 타협하였으며, 동시에 전략 경쟁이 완화되었다. 1960년대에 간헐적으로 이루어졌던 핵무기 통제를 위한 접촉은 1969년 11월에 공식적인 핵무기 통제 조약을 위한 협상으로 통합되었다. 여러 번에 걸친 협상을 통해 미국과 소련은 1971년 5월에 탄도미사일 방어 체계에 대한 조약(Anti-Ballistic Missile Treaty)에 합의하였고, 1972년 5월 26일에 미국의 닉슨(Richard M. Nixon) 대통령과 소련의 브레즈네프(Leonid Brezhnev) 서기장은 핵무기 제한협정(SALT: Strategic Arms Limitation Treaty)에 서명하였다. 이러한 합의를 통해 미국과 소련은 탄도미사일 숫자를 동결하기로 합의하였다. 특히 미국과 소련은 지상 배치 대륙간 탄도미사일(ICBM) 숫자를 동결하고, 잠수함 배치 탄도미사일(SLBM)을 증강하기 위해서는 동일한 숫자의 ICBM 또는 SLBM이 폐기되어야 한다고 규정하였다. 즉 미국과 소련은 핵무기가 아니라 핵무기 발사체를 동결함으로써, 상대방에 대한 공격 능력을 제한하였다.

---

1 냉전 초기에 미국과 소련은 서로를 거의 이해하지 못하였다. 다음의 에피소드가 이와 같은 서로에 대한 정보 부족을 상징적으로 보여준다. 캠프 데이비드(Camp David)는 워싱턴 인근에 위치한 대통령 휴양지로 1941년에 만들어졌으며, 이후 역대 대통령이 애용하며 민간에게는 공개되지 않는 특별 경호시설이다. 1959년 9월에 흐루시초프와 정상회담을 앞두고 있었던 아이젠하워는 소련 지도자를 자신이 좋아하는 휴양지인 캠프 데이비드로 초청하였다. 하지만, 소련은 캠프 데이비드를 군사시설 또는 감옥으로 착각하여 "공산주의 세계의 지도자를 납치하여 감금하려는 미국 제국주의자들의 무모한 계획"에 거세게 항의하였다.

하지만 주변 지역에서는 여전히 군사적인 수단으로 정치적 문제를 해결하려는 노력이 계속되었고 미국과 소련은 지속적으로 개입하였고, 주변부에서 미국과 소련이 지원하는 전쟁이 발생하였다. 한반도에서도 1968년에 위기가 발생하였고, 인도와 파키스탄, 아랍과 이스라엘 등은 간헐적으로 전쟁을 치렀다. 1965년부터 미국이 군사력을 동원하여 본격적으로 개입하였던 베트남전쟁은 1975년에 미국 동맹국의 패배로 종식되었다. 이러한 다양한 전쟁과 그에 따른 미국과 소련의 개입에도 불구하고 전쟁은 국지화되었다. 미국과 소련은 최소한 대규모 전쟁을 방지하였고, 갈등을 군사력이 아닌 다른 방식으로 해소하는 선택을 하였다. 이와 같은 행동 양식은 1962년에 쿠바 미사일 위기를 거치면서 매우 공식적으로 천명되었고, 미국과 소련의 전략적 경쟁이 해소되지는 않지만 완화되었던 데탕트의 기본을 이루었다.

1. 쿠바 미사일 위기

카리브해 도서 국가인 쿠바는 1850년 이후 미국의 영향력에 놓여 있었다. 1854년에 미국 의회는 쿠바를 "구입"(purchase)하는 방안을 추진하였지만 남북전쟁으로 포기하였다. 그럼에도 불구하고 1870년대에 들어서면서 미국은 쿠바 경제를 통제하였다. 1898년에 미국-스페인 전쟁의 평화조약(Treaty of Paris)으로 쿠바는 스페인 영토에서 미국 식민지로 변모하였고, 이와 같은 변화는 기존의 상황을 법률적으로 승인한 것에 지나지 않았다. 1902년 5월에 쿠바는 공화국으로 독립하였지만, 미국은 쿠바를 보호국으로 지배하면서 "쿠바의 정치 · 경제 · 군사 문제에 개입할 권리"를 확보하고 쿠바 동남부 최고의 항구인 관타나모(Guantánamo Bay)를 영구 조차(租借)하였다. 1959년 1월 혁명으로 카스트로(Fidel Castro)가 권력을 장악하고 토지개혁 등을 추진하자, 미국은 새로운 정권과 외교관계를 단절하였다. 1960년 3월에 미국은 카스트로 정권을 전복하기 위한 특수작전을 추진하였고, 1961년 4월에 CIA가 훈련시킨 쿠바 망명자 부대가 침공을 감행하였지만 실패하였다.**2**

이에 소련은 쿠바를 지원하였다. 미국의 추가 침공을 격퇴하기 위한 방어 무기를 제공하는 데 그치지 않고, 1962년 4월에 소련은 미국을 공격할 수 있는 탄도미사일과 핵탄두, 그리고 이를 사용할 50,874명의 병력과 미국이 쿠바를 침공하는 경우에 사용할 전술 핵무기까지 배치한다고 결정하였다. 1962년 7월에 대공미사일이 소련을 출발하여 쿠바에 반입되었고 8월에는 탄도

---

2 이후 미국은 몽구스 계획(Operation Mongoose)을 추진하여 침공이 아니라 파괴 및 첩보 활동으로 카스트로 정권을 전복하려고 하였다. 하지만 몽구스 계획은 "공격적이고 시끄럽기만 하고, 효과는 없었던 실패작"이었으며, "완벽한 실패"였다. 국방장관(Robert S. McNamara)은 몽구스 계획은 "멍청한 발상"이며, "아무런 행동을 하지 않기 위한 심리적 정당화"라고 평가하였다.

미사일이 출발하였고, 총 60기의 탄도미사일(IRBM－MRBM)과 함께 158개의 핵탄두가 배치될 예정이었다.[3] 미국은 소련이 쿠바에 방어용 무기를 제공하는 것은 인정하였지만 탄도미사일 등의 공격용 무기는 용납하지 않는다는 입장이었고, 항공 정찰 등으로 이를 감시하였다. 소련의 탄도미사일이 도착하기 직전 미국은 여러 가지 이유로 항공 정찰을 잠정 중단하였고, 10월 중순에 정찰을 다시 시작해서야 탄도미사일 배치를 파악하였다. 미국은 소련 외무장관 그로미코(Andrei A. Gromyko)에게 미사일 배치를 확인하였지만, 당시 UN을 방문하였던 그로미코는 10월 18일에 케네디 대통령을 면담한 자리에서 쿠바에 대한 군사 지원은 "쿠바의 방어 능력 향상을 위한 것"에 국한된다고 주장하면서 탄도미사일 등의 공격용 무기는 없다고 확인하였다.[4]

---

3 소련이 배치한 탄도미사일은 사정거리 2,080km의 MRBM인 R－12(Dvina; NATO 명칭 SS－4 Sandal)와 사정거리 4,500km의 IRBM인 R－14(Chusovaya; NATO 명칭 SS－5 Skean)이었다. 또한 소련은 탄도미사일용 핵탄두 60개와 방어 및 전술 목적의 핵무기 98개를 수송하였다. 하지만, 미국의 봉쇄로 IRBM은 쿠바에 도착하지 못했고 68개의 핵탄두를 적재한 수송선이 쿠바에 도착하였으나 탄두를 하역하지 못하였기 때문에, 쿠바 주둔 소련군은 36개의 탄도미사일 핵탄두를 비롯하여 전술 핵탄두 54개만을 보유하였다.

4 이 면담에 대한 미국과 소련의 기록은 다음과 같다. Foreign Relations of the United States (FRUS) 1961～1963 Vol. XI: Cuban Missile Crisis and Aftermath (Washington, DC: Government Printing Office, 1996), pp. 110～114. 그리고 CWIHP, "Cable from Soviet Foreign Minister Gromyko on 18 October 1962 Meeting with President Kennedy, 20 October 1962," *Cold War International History Project Bulletin*, No. 8/9 (Winter 1996/1997), pp. 279～282.

미국은 쿠바를 두고 소련이 베를린에서 미국의 양보를 강요하려고 한다고 판단하였다. 따라서 어떠한 양보도 있을 수 없지만 직접적인 군사력 사용은 소련의 베를린 공격으로 이어진다고 보고, 중간 단계로서 제한적 군사력 사용인 쿠바 "봉쇄"(quarantine)를 선언하였다. 소련은 쿠바에 배치한 탄도미사일을 통해 미국과 소련 사이의 전략 균형을 회복하려고 시도하였지만, 이러한 시도는 오히려 위기를 가중시키는 결과를 가져왔다.[5] 미국과 소련은 쿠바 문제를 두고 핵전쟁을 시작할 의도는 없었지만, 위기가 고조되면서 각자가 통제할 수 없는 "사건"들이 발생하였다. 봉쇄 집행 그 자체는 문제가 아니었고, 소련은 봉쇄를 사실상 준수하였고 미국도 봉쇄를 강력하게 집행하지 않았다. 탄도미사일을 적재한 소련 수송선은 쿠바 항해를 포기하고 회항하였고, 일반 물품을 적재한 선박은 미국의 공식적인 승인을 거쳐 쿠바에 도달하였다.

하지만 상황은 계속 안정적이지 않았다. 미국과 소련은 대사관을 통해 미사일 철수 조건을 두고 협상하는 가운데, 잠재적인 충돌이 계속되었다. 핵탄두 어뢰로 무장한 소련 잠수함이 봉쇄선에 접근하자, 미국 해군은 훈련용 폭뢰로 소련 잠수함을 "공격"하

---

5 위기 당시 미국과 소련의 의사결정에 대해서는 각각 Ernest R. May and Philip D. Zelikow (eds.) *The Kennedy Tapes: Inside the White House During the Cuban Missile Crisis* (Cambridge, MA: Harvard University Press, 1997)와 Aleksandr Fursenko and Timothy Naftali, *One Hell of a Gamble: Khrushchev, Castro, and Kennedy, 1958~1964: The Secret History of the Cuban Missile Crisis* (New York: Norton, 1998) 등의 연구가 있다.

여 수면으로 부상을 강요하였으며 해상으로 부상한 소련 잠수함에 총격을 가하였다. 이에 소련 함장은 "미국과 소련 사이에 전쟁이 났다"고 판단하고 "핵어뢰로 미국 함대를 공격"하려고 하였다. 또한 10월 26일 자정에 쿠바 주둔 소련군은 핵탄두를 탄도미사일 기지로 운반하였다. 또한 쿠바에 위치한 관타나모 미국 해군기지(Guantanamo Naval Base)를 공격하기 위해 전술 핵무기가 배치되었다. 한편 미국은 쿠바 침공을 준비하였다. 관타나모 기지에 병력을 증강하고 총 150,000명이 동원되었고, 2,000회의 출격을 통해 쿠바에 배치된 소련 군사력을 파괴한다는 계획이 제시되었다. 즉 봉쇄는 그 자체로서 의미를 가지지 않으며 침공을 위한 사전 준비 조치였으며, 미사일 제거를 위해서는 공습과 함께 지상군 병력을 동원한 전면 침공이 필요하다는 것이 미국 합동참모본부의 기본 입장이었다.6

10월 27일에 소련군이 미국 정찰기(U-2)를 격추하였고, 미국은 대공미사일 기지를 공격하기로 결정하였다. 이러한 상황에서 미국과 소련은 상호 양보하였다. 소련은 미국의 요구 조건인 쿠바에서의 "공격용 무기" 철수를 일단 수용하였고, 미국은 소련이 요구하는 터키에서의 탄도미사일 철수를 비공식적으로 수용하였다.7 이와 같은 과정을 통해 냉전 기간 최대의 위기가 해소되었

6 쿠바 미사일 위기 과정에 대한 분석으로는 Michael Dobbs, *One Minute to Midnight: Kennedy, Khrushchev, and Castro on the Brink of Nuclear War* (New York: Alfred A. Knopf, 2008)가 있다.

다.[8] 미사일 위기 이후 냉전은 지속되었지만, 그 격렬함은 상당 부분 통제되었다. 미국과 소련은 지속적으로 경쟁하였지만, 쿠바 미사일 위기에서 나타났던 정도의 충돌과 갈등은 다시 등장하지 않았다. 미국과 소련은 "서로의 영역을 존중"하였고, 서로를 의심하였지만 상대방을 위협할 정도의 군사력을 동원하지는 않았다. 이후 동맹국들의 행동에 의해서 위기가 발생하였고, 중동과 동남아시아 그리고 남아시아 등에서는 전쟁이 발발하고 개입하였지만, 미국과 소련은 직접적으로 충돌하지 않았다. 이러한 완화된 긴장은 이른바 데탕트로 현실화되었다.

2. 냉전 경쟁의 완화와 데탕트

쿠바 미사일 위기는 냉전 기간 가장 위험한 순간이었다. 미국과 소련은 핵전쟁 가능성에 직면하였고, 케네디 대통령은 "핵전쟁

---

7 미국은 NATO 동맹국에 대한 지지의 표시로 터키에 탄도미사일(Jupiter Missile)을 배치하였다. 군사적인 가치는 크지 않았지만 정치적으로는 중요한 상징이었기 때문에, 터키에서 미사일을 철수하는 것은 매우 어려운 선택이었고, 특히 소련이 미사일 철수를 공개적으로 요구하였으므로 수용하기가 더욱 어려웠다. 상황이 악화되면서 미국은 소련의 요구를 수용하여 터키에서 미사일을 비공식적으로 철수하는 데 동의하였다.

8 쿠바 미사일 위기에 대한 가장 뛰어난 서적은 Graham T. Allison and Philip D. Zelikow, *Essence of Decision: Explaining the Cuban Missile Crisis* (New York: Longman, 1999)이다.

가능성은 3분의 1에서 2분의 1 정도"라고 보았다. 하지만 기적적으로 전쟁은 피할 수 있었고, 위기는 해소되었다. 이후 긴장은 빠른 속도로 완화되었다. 특히 유럽에서 서독 핵무장 문제가 해결되면서 소련은 미국의 NATO 및 서독 정책에 만족하였고, 따라서 긴장 완화는 더욱 공고하게 작동하였다. 냉전 경쟁은 완전히 제거되거나 해소되지는 않았지만 상당 부분 완화되었고, 미국과 소련은 화목한 영구 평화 상태를 향유하지는 않았으나 상대방을 제한적으로 신뢰하였고 안보딜레마를 완화시킬 수 있었다. 최소한 상대방이 자신을 기습 공격하지는 않을 것이라고 보았고, 여러 가지 측면에서 협력하고 공동의 이익을 추구하였다.

이러한 협력 가운데 가장 강력한 부분은 전략 핵무기의 제한이었다. 미국과 소련은 전략 무기에 있어서 추가 핵무기를 도입하지 않고 동시에 핵무기 발사체의 숫자를 제한하는 데 합의하였다. 미국의 닉슨 대통령은 소련의 브레즈네프 서기장과의 협상하여, 1971년 수준에서 전략 미사일 발사대의 숫자를 제한하기로 하였고 제한된 숫자 내부에서는 발사체의 조합을 변경할 수 있다고 합의하였다. 1969년 11월에 공식 협상이 시작되었고 그 일차 합의는 1971년 5월에 미사일 방어체제 합의로 체결되었다. 여기서 미국과 소련은 미사일 방어체제의 배치를 각각 2곳으로 제한하였고, 이를 통해 상대방의 보복 능력이 약화되지 않도록 하였다.**9** 이미

---

9 미사일 방어 능력이 강화된다면 냉전 핵전략의 기본인 상호확증파괴(MAD: Mutual

소련은 1966년에 모스크바를 보호하기 위한 미사일 방어체계를 배치하였고, 미국은 1967년에 ICBM 기지를 방어하기 위한 방어체계를 도입하였다. 미사일 방어체제 합의는 이러한 상태를 추인한 것으로, 이미 존재하는 방어체제에 추가하여 미사일 방어체제를 구축하여 핵억지의 안정성을 저해하지 않는다는 다짐이었다.*10*

1972년 5월에 최종적으로 SALT I이 체결되었다. 미국과 소련은 1972년 7월 수준에서 탄도미사일 등의 핵무기 발사체 숫자를 동결하는 데 합의하였고, 이를 통해 핵공격 능력을 제한하였다. 이러한 합의 자체는 여러 가지 문제가 있었다. 예를 들어 상호

Assured Destruction)가 약화되기 때문에 안정성에 상당한 문제가 발생할 수 있었다. 즉 미국과 소련은 선제공격을 받은 이후에도 남은 핵무기로 서로 상대방의 도시 및 산업시설 등의 민간 목표물을 파괴할 수 있었기 때문에, 선제공격의 군사적 효용은 없었고 전쟁에서 승리하는 것은 무의미하였다. 즉 전쟁의 가능성은 있었지만 보복을 위협함으로써 전쟁을 방지하고 상대방을 공격하지 않고 평화를 유지하였다. 하지만 상대의 보복 공격을 방어하게 되면, 선제공격을 통해 상대방을 파괴하고 핵전쟁에서 승리하는 것이 가능해지며 따라서 전쟁 가능성은 현실화되어 전쟁을 방지하지 못할 수 있었다. 이에 미국과 소련은 도시 등을 방어하는 미사일 방어 능력을 제한하였다.

10 미국과 소련의 선택은 1960년대 후반 미국과 소련이 가지고 있었던 핵전쟁에 대한 기본 인식을 보여준다. ICBM을 보호한다는 미국의 선택은 핵억지를 유지하고 핵전쟁을 예방하기 위해서는 보복 공격 능력을 확보하는 것이 필수적이라는 미국 정책결정자의 냉혹한, 그리고 냉정한 판단에 기반하고 있었다. 이에 반해 모스크바를 방어하려는 소련의 결정은 어떠한 경우에도 민간인들을 미국의 핵공격에 무방비 상태로 방치할 수 없고, 보복 공격 능력을 확보한다고 해도 미국의 핵공격을 완벽하게 억지할 수는 없을 것이라는 소련 정책결정자들의 인간적인, 그리고 회의적인 평가 때문에 가능하였다.

사찰이 합의되지 않았고, 핵탄두가 아니라 핵무기 발사체의 숫자를 제한하였기 때문에 하나의 발사체로 여러 개의 핵탄두를 발사할 수 있는 기술(MIRV/MRV) 등이 등장하고 있던 상황에서는 한계가 존재하였다.**11** 또한 1972년 7월 1일 수준에서 동결하였기 때문에, 미국과 소련은 1960년대 후반 퇴역 예정이었던 핵무기 발사체를 퇴역시키지 않고 유지하였고 동시에 서둘러서 새로운 발사체를 도입하여, "1972년 수준"을 최대한 확보하려고 시도하였다.**12**

그럼에도 불구하고 이것은 중요한 업적이었다. 미국과 소련은 1972년 7월 1일 이후에는 지상 배치 고정 ICBM을 추가로 배치하지 않는다고 합의하였다. 미국은 1,054개, 소련은 1,618개의

---

11 다탄두재진입 미사일(MRV: Multiple Reentry Vehicle)은 하나의 미사일에 여러 개의 핵탄두를 장착하고 이것을 동일한 목표물에 중복 공격하는 기술이다. MRV 기술은 목표물이 탄도미사일에 방어 체계로 보호되고 있는 경우에 목표물을 보다 확실하게 파괴하는 효과를 가지며, 당시 미사일 방어체제 기술에 대한 대응 조치로 개발되었다. 독립다탄두재진입 미사일(MIRV: Multiple Independently Targetable Reentry Vehicle)은 하나의 미사일에 여러 개의 핵탄두를 장착하고 각각의 핵탄두가 독립적으로 다른 목표물을 파괴할 수 있는 기술이다. 이것이 가능해지면, 미사일 숫자를 감축한다고 해도 사용할 수 있는 핵무기의 숫자는 감축되지 않는다.

12 협상 기간에 소련은 탄도미사일의 숫자를 증강하면서, 소련 ICBM은 1,000기에서 1,500기로 증가되었고 SLBM 또한 네 배로 확대하였다. 소련 탄도미사일의 추진력이 강력했기 때문에 운반되는 탄두의 파괴력은 미국 핵탄두보다 강력하였고, 따라서 미국에게는 상당한 위협으로 작용하였다. 반면 미국은 1967년 수준을 유지하여 1,054개의 ICBM과 656개의 SLBM을 보유하였지만, MIRV를 개발하여 SALT의 안정성을 저해하였다.

ICBM을 최대치로 보유할 수 있으며, SLBM의 경우에 미국은 최대 710개의 SLBM을 44척의 잠수함에, 그리고 소련은 최대 950개의 미사일을 62척의 잠수함에 배치할 수 있다고 규정하였다.[13] 또한 미국의 경우 656개를 초과하는, 그리고 소련의 경우 740개를 초과하는 SLBM은 그 상한선까지 1964년 이전에 배치된 ICBM 또는 구식 잠수함에 배치된 SLBM을 퇴역시키는 경우에만 배치한다고 규정되었다.[14]

사찰 자체는 없었다. 이것은 미국과 소련의 "굳건한 신뢰" 때문이 가능하였던 것이 아니라 합의할 수 없었기 때문이었다. 하지만 현장 사찰 대신에 미국과 소련은 서로 상대방에 대한 정찰 활동을 허용함으로써, 1950년대에 미국이 제안하였던 "영공 공개"를 부분적으로 실현하였다. 즉 미국과 소련은 "각자가 보유한 기술적 수단"(national technical means)을 동원하여 상대방이 SALT를 정확하게 준수하고 있는지를 검증할 수 있었으며, 동시에 서로의 검증 절차를 방해하지 않고 의도적인 은폐 행동(deliberate

---

13 전략 폭격기는 SALT에서 제외되었고, 따라서 ICBM 전력에서 나타난 소련의 우위는 전략폭격기 및 MIRV에서 나타난 미국의 우위로 상계되었다. William Burr and David Alan Rosenberg, "Nuclear Competition in an Era of Stalemate, 1963~1975," in Melvyn P. Leffler and Odd Arne Westad (eds.), *The Cambridge History of the Cold War* (Cambridge: Cambridge University Press, 2010), pp. 88~111.

14 당시 WP는 소련을 제외하고는 SLBM을 보유하지 않았기 때문에 문제가 없었지만, NATO는 영국과 프랑스가 SLBM을 보유하였기 때문에 추가 규정이 필요하였다. SALT I은 미국의 SLBM 전력을 포함하여 NATO 전체가 보유할 수 있는 상한선을 800개의 SLBM과 50척의 탄도미사일 잠수함으로 제한하였다.

concealment measures)을 하지 않는다고 합의하였다. 미국과 소련은 인공위성과 항공기 그 밖의 전자적 수단 및 지진파 감지 등으로 상대방의 핵전력의 변화를 포착할 수 있었다.[15]

[그림 6] 백악관을 방문한 브레즈네프 (1973년 6월 19일)

또한 미국과 소련은 정치적인 부분에서도 합의에 도달하였다. 1972년 11월에 미국과 소련 그리고 유럽 국가들은 유럽의 정치적 통합을 위한 협상을 시작하였고, 1973년에 유럽안보협력회의(CSCE: Conference on Security and Cooperation in Europe)가 출범하

15 이와 같은 검증을 통해 미국과 소련은 상대방이 탄도미사일을 급격하게, 그리고 대규모로 변화시키는 것을 포착할 수 있었지만, 소규모 변화는 포착할 수 없었다. 또한 미국이 개발하고 있던, 그리고 소련도 개발하게 되는 MIRV 기술은 동일한 숫자의 탄도미사일로 발사될 수 있는 핵탄두의 숫자를 증가시켰기 때문에, 기술적 검증은 SALT가 추구하였던 핵전력의 제한 효과를 달성할 수 없었다.

였다. 덕분에 미국을 중심으로 하는 서방 자본주의 국가와 소련을 중심으로 하는 공산주의 국가의 접촉이 증가하였고, 축적된 접촉은 1975년 8월 1일에 총 35개국이 서명한 헬싱키 최종 합의(Helsinki Final Act)로 문서화되었다. 헬싱키 최종 합의는 조약이 아니어서 법률적 구속력이 없었지만, 주권 평등과 국경선 확인 그리고 평화적 분쟁 해결 등을 규정하고 있었고 무엇보다 인권 존중과 기본권 인정 등을 강조하였기 때문에 민주주의 확산이라는 측면에서 중요한 역할을 하였다. 특히 헬싱키 과정(Helsinki Process)으로 알려진 10개 원칙은 개별 국가들이 자국 국민들에게 보장해야 하는 기본 권리 등을 규정하였다.**16**

이와 같은 분위기에서 독일은—특히 서독은— 분단을 수용하였다. 1970년 8월에 이른바 모스크바 조약을 통해, 서독 정부는 "독일의 민족자결권과 통일에 대한 권리를 잠정적으로 포기"하며 동독의 "존재를 사실상 승인"한다고 선언하였다. 또한 제2차 세계대전을 통해 상실한 지역을 폴란드 영토로 인정하였다.**17** 이후

---

16 당시 소련은 국경선 확정과 주권 평등을 통해서 소련 및 동부 유럽 국가들의 영토를 보전할 수 있다고 판단하였고, 헬싱키 최종 합의를 "소련 외교의 승리"로 선전하였다. 하지만 미국 등은 1940년 6월에 소련에 의한 발트해 국가(라트비아·리투아니아·에스토니아)의 강제 병합은 인정하지 않는다고 선언하였다. 오히려 시간이 지나면서 헬싱키 최종 합의는 소련 및 동부 유럽 국가들의 민주화 운동을 촉진하였고, 많은 인권 및 민주주의 단체가 헬싱키 최종 합의를 원용하였다.

17 이전까지 서독을 할슈타인 원칙(Hallstein Doctrine)에 따라서 동서독 동시 승인을 부정하면서 동독을 승인한 국가에 대해서는 외교관계를 철회하였고 미국 등의 동맹국에게도 동독 승인을 거부하라고 요구하였다. 하지만 1955년에 서독은

서독은 폴란드와의 조약으로 "독일의 동부 국경선"을 다시 확인하였고, 1972년 12월에 동독과의 기본 조약(Basic Treaty)을 통해 동서독 사이의 외교관계를 수립하였고, 정치적인 이유에서 "대사"(ambassadors)가 아니라 대사로의 역할을 수행하는 "영구 대표"(permanent representations)가 교환되었다. 또한 이에 기초하여 동독과 서독은 1973년 9월에 UN에 동시 가입하였고, 동서독은 공식적으로는 아니지만 사실상으로는 서로 독립된, 그리고 다른 국가라는 사실을 인정하였다.**18**

냉전 경쟁의 완화로 서부 유럽 국가들과 소련과의 경제 교류가 활성화되었다. 특히 주목을 받았던 것은 시베리아에 매장되어 있는 소련의 석유 자원이었다. 당시 석유 가격이 급등하면서 서부 유럽은 에너지 자원을 중동 지역 이외에서도 확보하려고 노력하였고, 소련은 시베리아에 매장되어 있는 자원을 개발하기 위해 외부의 자본과 기술 그리고 무엇보다 장기적인 시장이 필요하였다. 이에 서독 · 프랑스 · 이탈리아 · 오스트리아 등이 소련에

동독을 승인하고 있던 소련과 외교관계를 체결하면서, 동독의 존재를 사실상 인정하였다. 이러한 모순을 최종적으로 해결한 것이 브란트(Willy Brandt)의 "동방정책"(Ostpolitik)이었다.

18 기본 조약이 가지는 이러한 의미 때문에 서독 보수파는 기본 조약에 격렬하게 반대하였다. 하지만 1972년 11월 선거에서 브란트가 승리하면서 기본 조약의 체결 및 비준 동의에 반대가 약화되었다. 결국 서독 의회는 1973년 5월에 기본 조약의 비준에 동의하였다. 또한 1971년에 브란트는 동서독 및 냉전의 긴장 완화에 대한 업적으로 노벨평화상을 수상하였다

합작 투자하여 시베리아에서 원유 및 천연가스를 수송하는 송유관(pipeline)을 건설한다는 계획이 추진되었다. 해당 지역은 서부 시베리아의 우렌고이(Urengoy)로 서부 유럽까지 4,500km의 송유관을 부설하는 계약이 체결되었고, 1981년 2월에 천연가스가 본격 생산되었다. 송유관은 1981년부터 본격적으로 부설되어 1983년에 완공되었고, 1984년 1월에 서독에 천연가스가 공급되기 시작하였다.**19**

이러한 데탕트는 한반도에서도 작용하였다. 1972년에 한국과 북한은 비밀리에 접촉하였다. 중앙정보부장 이후락은 1971년 5월에 휴전선을 넘어 평양을 방문하였고, 김일성을 만나 남북대화와 통일 가능성에 대해 논의하였다. 6월에는 북한 노동당 조직지도부장 김영주를 대신한 박성철 제2부수상이 서울을 방문하여 정치적 의견을 교환하였다. 이러한 협상을 거쳐 6월 29일에 이후락과 김영주는 그동안의 회담 내용에 합의 · 서명하고, 7월 4일에 마침내 서울과 평양에서 공동성명을 발표하였다. 여기서 한국과 북한은 통일의 원칙으로 자주 · 평화 · 민족대단결이라는 세 가지 원칙을 공식 천명하였다. 공동성명은 이밖에도 상호 중상비방(中傷誹謗)

---

19 천연가스 송유관 계약은 미국과 소련의 관계가 악화되기 직전에 서명되었다. 미국은 소련에 대한 경제 제재를 시작하면서 서독 및 프랑스 정부에게도 제재에 가담하고 시베리아 송유관에 대한 투자를 중지하라고 요구하였지만, 서독과 프랑스는 이를 거부하였다. 당시 석유 가격이 상승하고 있었기 때문에, 서독과 프랑스 정부는 미국과의 갈등을 감수하면서 소련으로부터 시베리아 천연가스를 수입하였다.

과 무력도발의 금지, 다방면에 걸친 교류 실시 등에 합의하고 이러한 합의사항의 추진과 남북 사이의 문제 해결, 그리고 통일 문제의 해결을 목적으로 이후락 중앙정보부장과 김영주 조직지도 부장을 공동위원장으로 하는 남북조절위원회(南北調節委員會)를 구성·운영하기로 하였다.[20] 한편 한국은 1950년대 이후 북한을 승인하는 국가와는 교류하지 않는다는 원칙을 고수하였지만, 1973년 6월 23일에 상호 내정 간섭을 거부하고 남북한 UN 동시 가입과 호혜평등의 원칙에 따라 공산주의 국가를 포함한 모든 국가에게 문호를 개방한다고 선언하였다. 하지만 북한은 이러한 한국의 행동이 분단을 고착시키는 행동이라고 비난하였고, 이를 구실로 남북대화를 중단하였다.[21]

3. 주변부에서의 경쟁

미국과 소련의 전략적 경쟁이 완화되었고, 중부 유럽에서 제한적

---

20 하지만, 한반도에서는 이러한 평화와 대화 가능성이 국내적인 권력 강화의 수단으로 사용되었다. 한국에서는 1972년 10월 17일에 계엄령이 선포된 가운데 유신(維新)이 시작되었고, 북한에서는 1972년 12월에 사회주의헌법이 채택되면서 김일성의 권력이 더욱 강화되었다.

21 이와 같은 6·23 선언의 내용은 1990년대에 들어와서 남북한 UN 동시 가입과 동유럽 공산주의 정권의 붕괴, 그리고 이를 포착한 한국의 북방정책을 통해서 실현되었다.

이나마 안정성이 유지되었다. 하지만 주변부에서 나타난 안정성은 유럽과는 차이가 있었다. 완화된 긴장 때문에 또는 완화된 긴장에도 불구하고 한반도에서는 1950년 이후 최대의 위기가 발생하였고, 중동과 남아시아에서는 전쟁이 발생하였다. 미국과 소련의 전략적 경쟁이 완화되었지만, 인도차이나 반도의 전쟁은 지속되었다. 그럼에도 불구하고 이러한 전쟁은 그 지역에 국지화되었고, 더 이상의 경쟁으로 이어지지 않았다. 기본적으로 두 개의 강대국이 존재하는 양극체제였기 때문에, 이러한 전쟁은 미국과 소련 사이의 대규모 전쟁으로 확대되지 않았다. 또한 이러한 국지적인 충돌과 전쟁 때문에, 미국과 소련의 전략적 경쟁이 강화되지도 않았다. 오히려 상호 협력을 강화하는 계기가 되었으며, 데탕트는 상당 기간 그리고 안정적으로 유지되었다.

한국전쟁이 휴전으로 종식된 이후 냉전 기간 한반도에서 가장 위험했던 시기는 북한의 공격 성향이 표출되었던 1968년이다. 이 시기에 북한이 보여주었던 행동은 그 이전의 잠재적 공격 성향의 표출과는 큰 차이가 있었으며, 특공대 공격과 제한적 무력행사라는 측면에서 1950년의 전면 침공과도 큰 차이를 보인다. 그 시작은 1·21사태였다. 1968년 1월 21일에 북한 민족보위성(民族保衛省) 정찰국 소속 31명의 특수부대가 청와대를 습격하기 위하여 서울에 침투하였고, 한국군과의 교전 끝에 한 명(김신조)을 제외한 전원이 사살되었다. 1월 23일에 북한군은 원산 지역을 정찰하고 있던 미국 해군 소속의 정보함 푸에블로호(USS Pueblo)가

영해를 침범하였다고 주장하면서 공격하였다. 사상자가 발생한 가운데 북한은 미국 해군 승무원을 포로로 체포하여 억류하였고, 협상을 거쳐(1968~) 1968년 12월에 판문점을 통해 송환하였다. 1969년 4월 15일에 북한은 동해상에서 미국 해군 정찰기(EC-121)를 격추하였다. 미국은 이에 보복하지 않고, 동해상에서 해군 훈련을 통해 무력시위를 하는 데 그쳤다.[22] 이러한 위기는 더 이상의 충돌을 야기하지 않고 수습되었다. 한국의 경우 독자적으로 북한에 보복하기 위해 특수부대 등을 창설하였지만, 공격 결정은 내려지지 않았고 결국 부대는 해산되었다.

대신 미국은 새로운 아시아 정책을 전개하였다. 1965년 3월에 미국이 베트남전쟁에 본격적으로 개입하여 지상군 병력을 동원하여 베트남에서 전쟁을 수행하였지만, 전쟁 상황 자체는 나아지지 않았다.[23] 오히려 1968년 1월에 구정공세(Tet Offensive)를 계기로 미국의 전쟁 의지가 빠른 속도록 약화되었고 11월에 대통령선거에서 닉슨이 승리하면서 새로운 공화당 행정부는 "베트남전쟁의 베트남화"(Vietnamization of the Vietnam War)를 선언하면서 미국의 역할을 축소하였다. 이러한 배경에서 닉슨은 1969년 7월에 미국의

---

22 이러한 북한의 제한적 공격 성향을 소련 자료를 통해 분석한 연구로는 다음이 있다. Bernd Schaefer, "North Korean "Adventurism" and China's Long Shadow, 1966~1972," *Cold War International History Working Paper* No. 44 (October 2004).

23 미국의 베트남전쟁에 대한 연구는 방대하다. 그 가운데 가장 영향력 있는 것은 Andrew Krepinevich, *The Army and Vietnam* (Baltimore, MD. Johns Hopkins University Press, 1986)이다.

아시아 정책의 변화를 선언하고 이를 1970년 2월에 다시 확인하였다. 미국은 앞으로 아시아에서 지상군이 참가하는 군사적 개입을 피한다고 선언하면서, 아시아 국가들에 대한 동맹 의무는 준수하고 소련의 핵무기 위협에 대해서는 미국이 직접 개입하지만 내전이나 재래식 위협에 대해서는 아시아 국가들이 스스로 대처해야 한다는 입장을 표명하였다. 1972년 봄, 베트남전쟁이 격화되었지만 미국은 공군력을 동원해서 개입하였으나 지상군 병력을 투입하지는 않았다. 또한 남부 베트남은 미국의 공군력 지원에 기초하여 북부 베트남의 공격을 격퇴하였다. 하지만 1975년에 미국이 경제 원조를 중단하고 공군력 지원 또한 제공하지 않자, 남부 베트남은 북부 베트남과의 전쟁에서 패배하여 사라졌다.[24]

하지만 미국은 인도차이나 반도에서의 철수와 패배 그리고 동맹국이었던 남부 베트남의 소멸에도 불구하고 소련의 개입

---

24 미국이 베트남에서 병력을 철수하기 시작한 것은 1969년 이후였으며, 1972년 3월에서 10월까지 북베트남의 전면 침공 과정에서도 철군은 계속되었다. 닉슨 행정부는 합의에 의한 "명예로운 철군"을 위해 1972년 12월에 하노이에 대한 전략 폭격(Operation Linebacker II)을 감행하였고, 결국 파리 평화협정(Paris Peace Accord)이 1973년 1월에 체결되고 "미국의 베트남전쟁"은 종결되었다. 하지만 베트남에서의 전쟁은 끝나지 않았고, 북베트남과 남베트남의 군사적 충돌은 지속되었다. 워터게이트 사건으로 1974년 8월에 닉슨이 대통령에서 사임하였고 미국 행정부의 영향력이 심각하게 약화된 가운데 베트남에서의 전쟁은 다시 시작되었다. 1975년 3월에 북베트남이 다시 침공하자, 미국 의회는 남베트남에 대한 경제 원조와 군사 지원을 금지하였고 행정부는 이러한 의회의 결정을 존중하면서 남베트남의 파멸을 방관하였다.

또는 영향력 확대를 우려하지 않았다. 또한 중동전쟁과 인도·파키스탄 전쟁에서도 미국과 소련은 상황이 악화되는 것을 성공적으로 통제하였다.[25] 1973년 10월에 중동전쟁에서 미국은 이스라엘을 지원하고 소련은 이집트와 시리아를 지원하였지만, 양측은 전투가 중동 지역에서 확산되지 않도록 많은 노력을 기울였다. 초기 전투에서 패배한 이스라엘이 핵무기를 사용하려고 위협하였지만, 미국은 특별히 개입하지 않았고 오히려 무기 공급에 국한하였다. 소련 또한 중동전쟁에 적극적으로 개입하지 않으면서, 전체적인 상황 통제와 냉전 경쟁의 격화 가능성을 봉쇄하였다.[26]

4. 강대국 중국의 등장과 미국의 전략적 공세

당시 중국은 혼란에 빠져 있었다. 1950년대 대약진운동의 실패로 중국의 경제 성장은 심각한 타격을 입었고, 소련의 지원은 중단되

---

25 미국과 소련은 1967년 6월에 중동전쟁(6일 전쟁 또는 3차 중동 전쟁)에서 처음으로 핫라인을 사용하였다. 미국과 소련은 이스라엘이 이집트－시리아 공격 직후 지중해 해역에 배치된 함대의 위치를 통보하면서 우발적인 충돌을 방지하였다 이후 인도－파키스탄 사이의 1971년 12월 전쟁에서도 미국과 소련은 핫라인으로 의견을 교환하였고 상호 개입을 자제하였다.

26 초기 전투에서 패배한 이스라엘은 1973년 10월 8일과 9일에 핵무기 사용을 결정하였지만, 미국의 만류와 후속 전투에서의 승리로 핵무기 사용을 포기하였다고 한다. Seymour Hersh, *The Samson Option. Israel's Nuclear Arsenal and American Foreign Policy* (New York: Random House, 1991), pp. 223~240.

었을 뿐 아니라 소련과의 대립은 국경 충돌로 이어졌다. 1959년 7월에 류산회의(廬山會議)에서 대약진운동에 대한 비판이 등장하였고, 특히 펑더화이(彭德懷)는 마오쩌둥의 결정이 잘못되었다고 공격하였다. 따라서 1960년대에 들어서면서 마오쩌둥은 지도력을 상실하였고, 류사오치(劉少奇), 저우언라이(周恩来), 덩샤오핑(鄧小平) 등으로 대표되는 실용주의 온건파가 중국의 정책을 주도하였다. 하지만 1966년에 마오쩌둥은 실용주의 온건파에 대해 반격에 나섰고, 그 결과로 중국은 문화대혁명에 휩싸였다. 국가주석이었던 류사오치는 실각하였을 뿐 아니라, 구타와 고문으로 1969년에 사망하였다. 저우언라이는 권력을 상실하였지만 직위는 보전하였으나, 덩샤오핑은 하방(下放)되었다가 1974년에 복귀하고 다시 실각하였다. 이후 덩샤오핑은 1976년에 최종적으로 복원되어 중국 최고 지도자에 오른다. 이러한 권력투쟁 과정에서 많은 희생자가 발생하였고, 중국 국가조직은 심각하게 약화되었다.

하지만 이 시기는 미국과 중국이 "소련의 위협"을 새롭게 평가하고 냉전 기간 동안 가장 극적인 행동을 취했던 기간이었다. 특히 중국은 소련과의 국경 충돌을 거치면서 "소련의 위협"을 실감하였고, 1964년 10월에 핵실험에 성공하였지만 소련은 아직 초기 단계에 있는 중국의 핵전력을 파괴할 수 있었다.[27] 소련의

---

27 미국도 중국의 핵무기 개발을 위험하다고 판단하고 소련과 연합하여 중국의

국지적 공격으로 중국의 피해는 늘어나는 가운데, 1969년에 접어들면서 소련은 중국과의 국경에 배치된 병력을 증강하여 총 42개 사단 100만 명의 소련군이 중국에 대한 공격 명령을 기다리고 있었다. 또한 소련 외교관들은 소련이 중국을 공격하는 경우에 서방측이 어떻게 반응할 것인가를 파악하기 위해 많은 노력을 기울였다. 이에 마오쩌둥은 1969년 1월에 실각 또는 하방되었던 중요 전략가 네 명을 소환하여 전체적인 상황 분석을 요구하였다. 천이(陳毅), 예젠잉(葉劍英), 쉬샹첸(徐向前), 그리고 네룽전(聶榮臻) 등 네 명은 자신들의 견해가 정치적 핍박의 대상이 되지 않는다는 다짐을 받은 이후에 1969년 당시의 상황에 대한 매우 냉정한 평가를 제시하였다. 1969년 7월과 9월에 제출된 보고서에서 이들은 "미국과의 접촉이 중요"하다고 평가하였고, "소련이 중국을 침략하는가는 결국 미국의 행동에 의해 결정된다"고 지적하였다.**28** 같은 시기 미국 또한 소련이 중국을 공격하여 승리하는 것은 미국의 이익에 부합되지 않는다는 결론에 도달하였다. 즉 미국과 중국은 한국전쟁에서 적국(敵國)이었으며, 대만 문제로

핵무기 개발 시설을 파괴하는 방안을 모색하였다. William Burr and Jeffrey T. Richelson, "Whether to "Strangle the Baby in the Cradle": The United States and the Chinese Nuclear Program, 1960~1964," *International Security*, Vol. 25, No. 3 (Winter 2000/2001), pp. 54~99.

28 CWIHP, "All Under the Heaven is Great Chaos: Beijing, the Sino-Soviet Border Clashes, and the Turn Toward Sino-American Rapprochement, 1968~1969", *Cold War International History Project Bulletin*, No. 11 (Winter 1998), pp. 155~175.

지속적으로 갈등하였고 베트남전쟁에서도 간접적으로 충돌하였지만, 소련과 경쟁하는 상황에서 미국은 중국의 생존이 전략적으로 중요하다고 판단하였다.**29**

미국과 중국은 바르샤바와 파키스탄을 통해 접촉하였고, 중국의 비밀 메시지에 대해 미국은 특사 파견을 고려하였지만 특별한 행동은 하지 않았다. 1971년 4월에 나고야 세계탁구선수권대회에 참가한 미국 탁구대표팀은 중국의 초청을 수용하여 베이징을 방문하여 친선경기를 하였고, 여기서 중국은 미국과의 관계 개선 의사를 개진하였다. 1971년 7월에 키신저(Henry Kissinger)를 중심으로 한 미국 대표단이 중국에 도착하였다. 48시간 동안 두 번의 회담이 있었고, 미국 대통령의 중국 방문에 합의하였다. 7월 15일에 미국과 중국의 합의문이 공개되고, 1972년 2월 21일에 닉슨 대통령이 베이징 공항에 도착하였다. 그 직후 열린 닉슨-마오 회담에서 중국은 소련에 대한 전략적 제휴 관계의 가능성에 의견을 나누었고, 저우언라이 총리는 미국과의 회담을 통해 대만 문제의 평화로운 해결과 무역 등의 경제 협력에 합의하였다.**30** 최종 합의는

---

29 Henry Kissinger, *On China* (New York: The Penguin Press, 2011), pp. 215~218.

30 대만 문제에 대해서는 1973년 2월과 11월에 키신저 국무장관의 중국 방문을 통해 보다 자세한 사항이 합의되었다. 여기서 중국은 "대만 문제는 군사력을 사용해서 해결할 수 있다"고 주장하였지만, 동시에 군사력 사용 자체는 "100년 동안 미룰 수 있다"고 발언하였다. 이후 미국과 중국은 "대만 문제의 해결"을 지속적으로 미루고 있으며, 현재 상태의 유지를 위해 많은 노력을 기울이고 있다.

상하이 성명(Shanghai Communiqué)의 형태로 발표되었다. 여기서 미국과 중국은 상호 외교관계 정상화에 동의하였고, 아시아-태평양 지역에서 등장할 모든 형태의 패권에 협력해서 대처한다고 합의하였으며, 미국은 중국의 단일성(One China) 원칙을 인정하면서 동시에 평화로운 해결이 중요하다고 강조하였다.[31]

[그림 7] 마오와 닉슨의 만남

이후 미국과 중국은 사실상 동맹국으로 행동하였다. 1973년 5월에 미국과 중국은 연락사무소(Liaison Office)를 각각 워싱턴과

---

31 Kissinger, *On China*, pp. 236~293.

베이징에 설치하여 대사관의 역할을 수행하였다. 1975년에 포드(Gerald Ford) 대통령이 중국을 다시 방문하여 외교관계 수립 의지를 다시 확인하였고, 1977년에 카터(Jimmy Carter) 대통령 또한 대사급 외교관계 수립의 당위성을 천명하였다. 1978년 12월에 미국과 중국은 대사급 외교관계의 수립에 공식 합의하였고, 1979년 1월 1일에 외교관계가 정식으로 시작되었다.**32** 그 직후인 1979년 1월에 덩샤오핑은 미국을 방문하였고, 미국은 1월 29일에 백악관 국빈만찬으로 중국 지도자를 환영하였다. 2월 4일에 덩샤오핑은 중국으로 출발하였고, 귀국하는 길에 일본을 방문하여 "소련의 공격성"에 대한 일본의 이해를 촉구하고 동시에 베트남의 캄보디아 침공을 비난하였다.**33** 이어 1979년 2월 15일에 중국은

---

32 대만(중화민국)은 1945년의 UN 출범 당시부터 안전보장이사회 상임이사국이었으며 거부권을 행사할 수 있었다. 1949년에 중국 내전에서 공산당 정부가 승리하면서 중국 본토를 통치하는 중국(중화인민공화국) 정부와 대만을 통치하는 중화민국 정부 가운데 어느 정부가 중국을 대표하는가에 대한 논쟁이 존재하였다. 하지만 1971년 10월 25일에 UN 총회는 결의안 2758호를 통해 중국 정부를 "UN에서 중국을 대표하는 유일한 합법 정부"로 승인하고 동시에 "장개석 정권을 UN에서 축출"하였다. 결의안은 찬성 76표, 반대 35표, 기권 17표로 결정되었다.

33 베트남전쟁에서 북부 베트남이 승리하면서 전쟁은 종결되었다. 하지만 베트남전쟁은 베트남에 국한되지 않았으며, 이웃 국가인 캄보디아와 라오스에서도 1975년까지 내전이 진행되었다. 이후 캄보디아를 장악한 크메르루즈(Khmer Rouge) 정권은 국내 반대파를 학살하고 베트남과의 분쟁을 도발하였고, 결국 1978년 11월에 소련이 지원하는 베트남은 캄보디아를 침공하였다. 이에 중국은 캄보디아를 지원하기 위해 1979년 2월에 베트남을 공격하였고 "징벌적 군사작전"을 수행하고 철수하였다.

소련과의 우호동맹조약의 파기를 선언하였다. 대신 미국과의 경제 및 문화 협력에 집중하면서 중국과 미국의 관계는 사실상의 동맹관계로 변화하였다. 그리고 소련은 강대국 차원에서 미국과 중국 연합에 의해 포위되었다. 바로 이러한 상황에서 미국과 소련 사이의 전략적 경쟁인 냉전은 1980년대 초반에 다시 격화되었다.

제5장

냉전의 격화와 종식: 양극체제의 평화로운 종결

1980년대에 들어오면서 냉전은 격화되었다. 1970년대 후반에 데탕트가 약화되면서 미국 내부에서 소련과의 협력에 회의적인 견해가 등장하였고, 특히 소련이 미국의 일방적인 협력을 이용하여 자신의 군사력을 강화하고 대외 팽창을 시도한다는 비판이 증가하였다. 따라서 SALT II가 체결되었지만, 미국 의회가 소련과의 전략 무기 감축에 대한 조약의 비준을 승인하지 않았다. 소련은 1979년 12월에 아프가니스탄을 침공하였고, 미국은 냉전 경쟁이 다시 격화되었다는 사실을 수용하였다. 1980년대 미국과 소련의 전략적 경쟁은 데탕트 이전 시기의 경쟁과 비슷할 정도로 강력하였다.

하지만 냉전 경쟁은 오래 지속되지 않았다. 1985년에 고르바초프(Mikhail Gorbachev)는 권력을 장악하고 소련의 문제점을 개혁하기 위해서는 미국과의 경쟁이 계속되어서는 안 된다고 판단하였다. 이에 소련 국내의 개혁을 달성하기 위해서 미국과 타협하였고, 특히 냉전 경쟁의 상징이었던 전략 무기를 감축하고 군비 경쟁을 중단하였다. 따라서 냉전 경쟁은 1985년 이후 빠른 속도로 완화되었다. 군축이 이루어지면서 미국과 소련은 상대방을 더욱 신뢰하게 되었고 동시에 상대방을 신뢰하게 되면서 더욱 폭넓은 군축과 협력이 가능하였다. 단계적인 협력으로 그리고 신뢰 구축을 통해 미국과 소련은 안보딜레마를 극복하고, 이전까지 격렬하게 진행되었던 냉전 경쟁을 소멸시켰다.[1] 즉 한 번의 포괄적인 협력으로 모든 문제를 일괄타결하지 않고, 조금씩 여러 사안에서, 그리고 단계적으로 협력을 추진하였고 이를 통해 냉전을 종식시키는 데 성공하였다.

이러한 냉전 종식이 가장 잘 드러난 것은 독일 통일이었다. 1989년 봄까지 동독 체제는 공고하였고, 소련이 창조한 공산주의 국가 동독은 생존에 대한 위협을 전혀 인식하지 않았다. 하지만 주변 국가들이 자유화되고 동독 주민이 이탈하기 시작하면서 동독 정부는 상황에 적절하게 대처하지 못했고, 1989년 11월에

---

1 이러한 안보딜레마의 극복과 장기적인 협력은 국제정치에서 흔하지 않지만 충분히 가능한, 그리고 이론적으로는 예견되었던 현상이다. 안보딜레마의 기본 문제는 불확실성이기 때문에 여러 가지 방법으로 불확실성을 제거 또는 완화시키는 경우에는, 충분히 극복할 수 있다. 따라서 냉전 종식 과정은 국제정치 이론에서 중요한 의미를 가지며, 이에 대한 분석은 안보딜레마 개념의 발전에 핵심적인 부분이다. Andrew H. Kydd, *Trust and Mistrust in International Relations* (Princeton, NJ: Princeton University Press, 2005).

어느 누구도 예상하지 못했던 방식으로 베를린 장벽이 무너지고 동독 정부는 통제력을 상실하였다. 소련 또한 현실에서 나타나고 있는 변화에 적절하게 대응하지 못하면서, 독일 통일은 빠른 속도로 진행되었다. 결국 1990년 10월에 독일은 통일되었다. 이러한 통일은 전형적인 흡수 통일로, 동독과 서독의 합의에 의해 이루어진 것이 아니라 동독의 붕괴와 무너진 동독 구성단위가 서독에 가입하는 방식이었다.[2]

이후 소련은 국내적인 권력투쟁에 휩쓸렸다. 고르바초프의 개혁이 구체적인 성과를 가져오지 못하는 가운데, 경제 개혁을 추진하기 위한 수단이었던 정치적 자유화는 사회적 불만의 표출로 이어졌다. 특히 민족주의 세력의 강화는 다민족국가 소련의 존속을 위협하였고, 결국 소수민족 공화국의 독립 요구가 등장하였다. 동시에 자유주의 세력은 보수파와 대립하면서 전체 진영을 통합하려는 고르바초프를 비난하였고, 보수파는 소련의 분열이라는 최악의 사태를 막기 위해서는 "극단적인 조치"가 필요하다고 판단하였다. 1991년 8월에 보수파는 쿠데타와 비상사태 선포를 통해 상황에 대한 통제력을 회복하고 소련을 유지하려고 시도하였으나, 병력 동원에도 불구하고 사태를 수습하지 못하고 쿠데타는 실패하고 보수파는 몰락하였다. 그리고 보수파가 수호하고자

---

2 동독 붕괴 및 독일 통일에 대한 거시적인 분석으로는 Charles S. Maier, *Dissolution: The Crisis of Communism and the End of East Germany* (Princeton, NJ: Princeton University Press 1999)가 있다.

하였던 소련이라는 정치체제 또한 해체되었다. 소련의 붕괴는 냉전의 종식, 그 자체였다. 냉전이 미국과 소련의 전략적 경쟁이었기 때문에, 전략적 경쟁의 당사국인 소련이 소멸하였다는 사실은 냉전의 종식이었다. 냉전의 종식이 국제정치에서 갈등의 소멸 또는 영구 평화의 시작은 아니었다. 하지만, 최소한 특정 형태의 갈등은 사라졌으며, 그에 대한 우려 또한 사라졌다.

1. 데탕트의 붕괴와 냉전 경쟁의 격화

데탕트는 미국과 소련의 경쟁이 사라진 상황은 아니었다. 경쟁이 완화되었고 동시에 적절하게 통제되기는 하였지만, 전략적 경쟁은 제한적으로 존재하였다. 따라서 데탕트는 불안정하였고, 어느 한 편에서든 안정성을 파괴한다면 전략적 경쟁은 다시 시작될 수 있었다. 그리고 1970년대 중반 이후 이러한 안정성은 점차 약화되기 시작했으며 결국 1970년대 말에 안정성이 파괴되면서 미국과 소련의 전략적 경쟁은 다시 격화되었다. 소련은 이른바 "평화공존"을 강조하면서 데탕트의 필요성을 강조화하였지만, 그 내용은 미국과 상이하였다. 미국이 강조하였던 데탕트가 평화와 경쟁이 공존하는 상태를 의미하였다면, 소련은 "사회주의의 발전을 도모하고 자본주의의 확산과 미국 제국주의의 확대를 억지하기 위한 수단"으로 평화공존을 이해하였다. 또한 미국에서도 소련의 행동에 의혹을 표현하는 집단이 존재하였다. 이들은 데탕트 기간 소련은 미국의 선의(善意)를 악용하였으며, 미국이 SALT I을 준수하는 동안 소련은 합의를 무시하고 전략 무기를 증강하였다고 보았다. 1976년에 미국 대통령선거에서 공화당 보수파는 결집하였고, 당시 캘리포니아 주지사였던 레이건(Ronald Reagan)은 보수파 세력에 의존하여 공화당 현직 대통령이었던 포드(Gerald Ford)를 위협하였다. 그리고 이 과정에서 데탕트에 대한 지지는 심각할 정도로 약화되었다.[3]

이와 같은 배경에서 대통령 경선이 이루어지던 1976년 5월, 미국 정보기관은 최종 분석을 담당하는 두 번째 팀(Team B)을 창설하기로 결정하였다. 여기에는 외부 전문가들이 위촉되고, CIA 등에서 사용하는 모든 정보가 제공되어 동일한 정보에서 다른 결론을 도출하여 정보기관 내부 구성원으로 만들어진 첫 번째 팀(Team A)의 결론과 비교하기로 하였다. 이렇게 만들어진 두 번째 팀에는 16명의 외부 전문가가 섭외되었지만, 대부분은 소련의 공격 성향을 의심하는 보수파로 구성되었다.[4] 1976년

---

3 공화당 대통령 후보 경선에서 레이건은 캘리포니아와 텍사스 등에서 승리하면서 포드 대통령을 압박하였다. 전당대회에서 승리하기 위해서는 최소한 1,130표의 대의원의 지지가 필요하지만, 레이건은 1,035표 그리고 포드가 1,115표로 어느 누구도 전당대회 이전에 승리하지 못했다. 전당대회 3일째에 들어서야, 포드가 1,130표를 확보하여 대통령 후보로 지명되었다. 하지만 1976년 11월의 대통령선거에서는 민주당 후보인 카터(Jimmy Carter)에게 패배하였다. 레이건은 4년 후인 1980년의 대통령선거에서 공화당 후보로 등장하여 승리하였다.

12월 완성된 최종 보고서에서 보수파 연구진은 미국 정보기관의 소련에 대한 기존 정보 평가가 잘못되었다고 비판하면서, 소련이 데탕트를 악용하고 있다고 주장하였다. 예를 들어 케난은 소련의 공격적 성향이 과거 침략에 대한 반발이라고 지적하였지만, 두 번째 팀은 소련은 그 자체로서 팽창적이며 따라서 소련의 힘이 강화되는 경우에도 만족하지 않고 더욱 팽창한다고 주장하였다. 소련은 전략 무기를 더욱 강화하고 있으며, 탄도미사일 기술에 많은 투자를 감행하여 상당한 성과를 보이고 있다고 지적하였다. 소련은 독재 국가이기 때문에 국내적 자원 배분에 제약이 없으며 따라서 미국에서 나타나는 "국방-소비 및 투자 자원 배분 문제"(Gun vs. Butter Problem)는 등장하지 않는다고 주장하였다.**5** 즉, 소련은 거의 무한정한 공격적인 성향을 내재하고 있으며 군사력 증강을 위해 자신의 모든 자원을 동원하고 있기 때문에, 미국으로

4 당시 CIA 국장으로 41대 미국 대통령(1989~1993)을 역임하는 부시(George H. W. Bush)가 두 개의 팀을 구성하고 상반된 정보 평가를 요구한다고 결정하였다. 부시 이전의 CIA 국장들은 이와 같이 상반되는 보고서 작성이 정보 업무의 정치화를 초래할 수 있다는 이유에서 반대하였고, 1970년대 후반에 이러한 우려는 현실화되었다. 최종 보고서는 http://www.gwu.edu/~nsarchiv/NSAEBB/NSAEBB139/nitze10.pdf에서 볼 수 있다. (2012년 7월 30일 확인)

5 이러한 주장은 잘못된 것이었다. 다른 모든 국가와 동일하게, 소련도 군사비 지출과 소비 및 투자 지출은 경쟁관계에 있으며, 따라서 군사비 지출에 사용된 자원은 소비 및 투자에 사용될 수 없었다. 소련의 과도한 군사비 지출은 투자에 사용되는 자원을 잠식하였고, 소련 경제의 장기적인 침체와 최종적인 붕괴로 이어졌다.

는 강력한 군사력을 구축하여 소련을 억지해야 한다고 강조하였다. 또한 소련은 상호확증파괴를 수용하지 않고 실제 전쟁에서 핵무기를 사용하려고 하기 때문에, 미국은 이에 대비하여 핵무기 전쟁 능력을 강화해야 한다고 주장하였다.[6]

그럼에도 불구하고 두 번째 팀의 보고서는 채택되지 않았다. 1976년 11월의 대통령선거에서 공화당이 아니라 민주당이 승리하였고, 따라서 데탕트를 지속하려는 노력은 유지되었다. 하지만 소련의 공격적인 행동은 계속되었다. 1970년대 초반부터 또는 데탕트 시작부터 소련이 미국의 협력적인 태도를 악용하지는 않았지만, 1970년대 후반에 소련이 공격적으로 행동하였던 것은 사실이다. 아프리카의 여러 국가에서 진행되고 있던 내전에 미국과 소련이 정치적으로 개입하였지만, 소련은 쿠바를 통해 간접적으로나마 군사적으로 개입하였다.[7] 인도차이나 반도에서 미국의 동맹국 또는 중립국이 공산주의 세력에 패배하였지만, 소련은 평화를 유지한다는 기존의 주장만을 되풀이하면서 합의의 기본 정신을 존중하지 않았다. 또한 SALT I로 인하여 미국은 이전까지의 핵우위(nuclear superiority)를 포기하였고, 대신 핵균형(nuclear

---

6 이에 대해서는 Anne Hessing Cahn, *Killing Détente: the Right Attacks the CIA* (University Park, PA: Pennsylvania State University Press, 1998)가 상세하게 다루고 있다.

7 에티오피아 내전에 소련군은 등장하지 않았지만, 쿠바는 소련의 지원을 받아 15,000명의 병력을 파견하였다. 여기에는 북한군도 파견되어 에티오피아 병력의 훈련을 담당하였다고 한다. 또한 앙골라에서도 25,000명의 쿠바군 병력이 진신에서 앙골라 반군을 지휘하였고, 경우에 따라서는 직접 전투를 담당하였다

parity)을 수용하였다. 하지만 이것은 미국의 우위가 사라졌다는 것을 의미하며, 동시에 소련의 전략 무기가 빠른 속도로 증강되었고 따라서 소련은 미국을 속이고 있다는 비판이 가능하였다.[8] 따라서 데탕트에 대한 정치적 지지는 계속 약화되었다.

그럼에도 불구하고 미국과 소련은 전략 무기의 감축을 위해 협상을 시작하였다. SALT II 협상이 1972년에 시작되었고, 단순한 동결이 아니라 감축을 목표로, 특히 모든 종류의 핵무기 발사체를 2,250개로 한정하는 것이 핵심 사안이었다. 당시 미국과 소련은 MIRV을 개발하고 있었고, 그 밖의 다른 기술이 개발되고 있었기 때문에 단순한 발사체의 숫자를 제한 또는 감축하는 것으로는 많은 한계가 존재하였다. 난항을 거듭하였던 협상은 1979년 6월 18일에 최종 타결되어 소련과 미국이 서명하였다. 하지만 미국 상원은 조약안 비준에 동의하지 않을 것이라고 관측되는 가운데 1979년 12월에 소련이 아프가니스탄을 침공하였다. 1978년 4월에 수립된 아프가니스탄 민주공화국(Democratic Republic of Afghanistan)은 사회주의 성향을 가진 정부로서 소련의 지원을 받고 있었다. 1979년 2월에 이란 혁명으로 이슬람 정부가 이란에 수립되고

---

8 전략균형에서 소련이 미국을 의도적으로 기만하지는 않았다. 하지만 상호 사찰이 이루어지지 않는 상황에서 의혹은 검증되지 않은 상태로 증폭되었다. 또한 핵무기의 파괴력 때문에 상호확증파괴가 가능하다면, 전략균형을 논의하거나 핵우위 또는 핵균형 등을 논의하는 것은 무의미했다. 하지만, 이러한 논의는 미국의 국내 정치적 맥락에서 지속되었고, 데탕트에 반대하였던 미국 보수파의 결정적인 무기로 작용하였다.

근본주의 세력으로 구성된 아프가니스탄 반군이 강화되자, 아프가니스탄 정부는 소련에게 군사 지원을 요청하였고 소련은 개별 병력을 파견하였지만 대규모 부대를 배치하지는 않았다. 아프가니스탄 상황은 계속 악화되는 가운데, 소련은 아프가니스탄을 침공하여 대통령을 암살하고 전국을 장악하였다.[9] 이것은 침략이었고, 대부분의 국가들이 반대하였다. 그리고 미국은 이에 항의하는 차원에서 SALT II 조약안의 의회 비준을 포기하였다. 하지만 SALT II의 실질적인 내용은 준수되었으며, 1986년에 새로운 군축이 논의될 때까지 미국과 소련의 전략균형의 핵심이었다.

이에 데탕트는 종식되었다. 미국은 소련의 제한적 공격 성향을 다시 확인하였고, 현실 상황이 "자신의 안전을 위해 취한 조치가 상대방의 안전을 저해"하게 되는 안보딜레마가 아니라 소련이 현상타파 국가이며 따라서 당연히 팽창하고 미국은 이에 대항해서 경쟁해야 하는 안보경쟁 상황이라고 인식하였다. 1980년 1월에 미국은 1980년 모스크바 올림픽에 참가하지 않겠다고

9 소련은 당시 아프가니스탄 대통령(Hafizullah Amin)을 "미국의 첩자"라고 판단하였고, 따라서 지금 행동하지 않으면 아프가니스탄이 미국 진영에 가담한다고 보았다. CWIHP, "From Hesitation to Intervention: Soviet Decisions on Afghanistan, 1979," *Cold War International History Project Bulletin*, No. 4 (Fall 1994), pp. 70~76. 한편 아프가니스탄 정부는 최후의 순간까지 소련의 개입이 내전에서 승리를 보장하는 기회라고 믿고 있었고, 대통령 또한 소련 침공에 대한 사전 경고를 "제국주의의 책동"이라고 무시하였다.

[그림 8] SALT II 서명 (1979년 6월 18일 비엔나)

선언하였고, 소련에 대한 식량 수출을 중단하였다. 또한 아프가니스탄 반군에 대한 군사 지원을 본격화하였다. 1980년 1월 23일에 미국 정부는 소련의 침략으로 페르시아 만 지역의 석유 수출이 위협받고 있다고 지적하면서, "페르시아 만에서 미국의 이익이 침해되는 경우에는 군사력을 사용"한다는 카터 독트린(Carter Doctrine)을 발표하였다.**10** 동시에 군사력 증강이 시작되었다. 보

10 미국 정부는 이러한 군사작전을 담당할 임시 조직(Rapid Deployment Joint Task Force)을 창설하였다. 그 임무는 "중동 지역에서의 긴급사태"가 발생하는 경우에 미국의 군사 개입이었으며, 육해공군 병력의 일부를 통합한 것이었다. 1983년 1월에 이것은 중부군 사령부(CENTCOM; United States Central Command)로 명칭을 바꾸었으며, 현재까지 미국 군사력의 핵심을 차지하고 있다.

수파를 중심으로 만들어진, 하지만 수용되지 않았던 두 번째 팀 보고서는 새롭게 조명되었고, 그 보고서의 결론에 따라 대규모 군사력 증강이 시작되었다.

하지만 본격적인 군사력 증강은 1981년에 레이건이 대통령에 취임하면서 시작되었다. "강력한 미국"을 주장하면서 1980년 11월의 대통령선거에서 카터 대통령을 물리치고 압도적으로 승리하였고, 곧바로 소련을 상대로 하는 군사력 증강을 시작하였다. 핵무기 전력의 증강과 함께 재래식 군사력 증강이 시작되었고, 유럽과 동아시아 동맹국에 대한 지원 또한 증가하였다. 미국 지상군 병력 및 무기가 증강되었으며, 공군과 해군력 또한 확대되었다. 특히 해군은 600척의 전함을 보유한다는 계획을 발표하였고 레이건이 이를 승인하면서, 미국 해군력은 급속도로 증강되었다. 새로운 탄도미사일(Peacekeeper)의 배치가 결정되면서 최대 10개의 핵탄두를 장착한 MIRV 미사일이 등장하였고, 미국은 소련의 핵전력을 공격하여 파괴할 수 있는 능력(counterforce capability)을 보유하게 되었다. 이러한 변화에 따라 주한 미군 또한 변화하였다. 1970년대에 지속되던 주한 미군 철수는 카터 행정부 시기에 보류되었지만, 레이건 행정부는 주한 미군 철수 결정 자체를 취소하고 한반도에 배치된 지상군 병력을 강화하였다.[11]

---

11 닉슨 독트린 이후 미군 철수는 공군 및 해군 병력이 아니라 미국 지상군 병력의 철수였다. 이러한 맥락에서 미국은 지상군 병력을 한반도에서 철수하기 시작했다. 주한 미군 2개 사단 가운데 하나(7사단)가 1971년 3월에 철수하여 해산되었고,

레이건은 냉전을 미국과 소련의 전략적 경쟁이 아니라 "선(善)과 악(惡)의 대결"이라는 지극히 도덕적인 시각에서 접근하였고 한다. 하지만 레이건의 태도는 이렇게 단순하지 않았다. 특히 레이건은 소련의 "팽창"에 대해서는 도덕적인 비난을 퍼부었지만, 동시에 중국이라는 또 다른 "공산주의 악마 국가"와는 우호적인 관계를 유지할 필요성을 인정하였다는 측면에서 지극히 현실적이었다. 1983년 3월에 레이건은 소련을 "악마의 제국"(evil empire)이라고 처음으로 지칭하였고 "공산주의는 멸망한다"고 선언하면서, 공산주의 이념의 전체주의적 성향을 비판하였다. 하지만 레이건은 같은 공산주의 국가인 중국의 "악마적 성향"에 대해서는 거론하지 않았다. 대신 레이건은 중국과의 관계를 강화하고 대만 문제의 "잠정적 해결"을 위해 노력하였다. 1981년 6월에 국무장관(Alexander Haig)은 중국을 방문하여 미국과 대만과의 관계를 해명하였고, 1982년 5월에 부통령이었던 부시가 방문하여 대만 문제에 대한 양국의 의견을 조율하였다. 1982년 8월의 공동성명에서 미국은 대만에 대한 무기 판매를 줄인다고 다짐하였고, 중국은 대만 문제의 평화적 해결이 핵심 원칙이라는 것을 다시 확인하였다.**12** 이후 1984년 1월에 자오쯔양(趙紫陽) 총리가

1980년까지 다른 하나의 지상군 사단(2사단)까지 철수하기로 결정되었다. 하지만 1978년 4월 철수 속도가 조정되면서 1979년 2월 철수는 잠정 보류되었고 이러한 결정은 7월 다시 확인되었다.

12 미국은 1979년 1월 1일에 대만과의 관계를 단절하고 중국과의 외교관계를 시작하

미국을, 4월에는 레이건이 중국을 방문하였다. 1985년 7월에 중국 국가원수로는 처음으로 리셴녠(李先念) 국가주석이 미국을 방문하였다. 즉 당시 레이건 및 미국 정부가 보여주었던 도덕적 태도는 일관성이 없었으며, 반공주의가 아니었다. 중국에 대한 태도까지 고려한다면 레이건은 소련이라는 특정 국가에 대해서만 도덕적인 언어로 비난하였을 뿐이었다.

냉전 경쟁이 격화되면서, 미국과 소련은 서로를 더욱 강렬하게 의심하였다. 예를 들어, 소련은 기술적인 한계 때문에 상당 정도의 IRBM을 보유하였고 이를 통해 소련 본토에서 서부 유럽의 미국 동맹국에 대한 공격을 위협함으로써, 미국을 간접적으로 억지하였다. 반면 미국은 사정거리 및 정확도 문제를 해결한 이후에는 유럽 대륙에 탄도미사일을 거의 배치하지 않았다. 1976년에 소련이 SS−20(RSD−10)을 배치하자 1979년 12월에는 미국 및 NATO는 퍼싱−II(MGM−31, Pershing−II)와 순항미사일(Tomahawk)을 배치한다고 결정하였다.**13** 이러한 배경에서 소련은 1983년 9월에

였다. 하지만 미국 의회는 1979년 3월에 대만관계법(Taiwan Relations Act)을 통과시켰고, 4월에 카터 대통령이 이를 공포하였다. 이에 따르면, 미국은 "대만이 자신을 방어하기 위해 필요한 무기를 공급하고 대만의 안전과 사회경제체제를 위협하는 무력 사용에 저항할 의무"가 있다. 따라서 레이건 행정부는 대만에 무기를 판매하였고, 중국은 반발하였다. 사태 해결을 위한 "특사"로 파견된 부시 부통령은 1974년 9월에서 1975년 12월까지 미국의 중국 연락사무소 소장을 역임하였고, 따라서 중국 내부에 상당한 인맥을 가지고 있었다.

13 소련은 미국이 사정거리가 짧은 탄도미사일과 은밀하고 정확하게 발사 및 타격이 가능한 순항미사일을 배치하는 의도가 소련에 대한 선제 핵공격 준비 태세라고

사할린 상공에서 대한항공 여객기(KAL 007)를 미군 정찰기로 오인하고 격추하여 탑승객과 승무원 전원인 269명이 사망하였다. 따라서 소련은 서방 국가가 공격할 것으로 판단하고 긴장하여 미국의 선제 핵공격을 우려하였다. 1983년 11월 2일에 NATO는 "유능한 궁수"(Able Archer 83)라는 매우 정교한 기동 훈련을 개시하였다. 10일 동안 계속된 기동 훈련은 매우 현실적인 상황을 상정하고 있었고, 따라서 미국을 비롯한 NATO 국가 주요 지도자들의 전시 대피까지 포함되어 있었기 때문에 소련은 "유능한 궁수" 기동 훈련을 미국이 소련에 대한 핵공격 준비 조치로 파악하였고 전략 로켓군을 포함한 전체 소련군에 비상경계령을 하달하였다.**14** 11월 11일에 "유능한 궁수" 훈련이 끝나면서 위기 상황도 사라졌다. 이것은 1962년 10월의 쿠바 미사일 위기와 함께, 냉전 시기의 가장 위험한 순간이었다.

당시 미국과 소련은 세계 모든 지역에서 대립하였지만, 각자의 영역은 "존중"하였다. 예를 들어, 1980년에 폴란드에서 소요사태가 발생하고 강력한 노조(Solidarity)가 등장하여 공산당 정권에

인식하였다. 퍼싱-II 미사일은 서부 유럽에서 발사하기 때문에 소련 본토를 공격하는 데 걸리는 비행 시간이 짧기 때문에, 만약 미국이 모스크바를 공격하여 소련 지도부를 공격한다면, 소련으로서는 대피할 시간이 없었다.

14 일상적으로는 절대 허용되지 않으나, 소련 폭격기는 엔진에 시동을 걸고 핵폭탄을 탑재한 상황에서 활주로에서 72시간을 대기하였으며, 동독과 폴란드 주둔 소련군은 전투에 대비한 상태를 기동훈련 기간 동안 유지하였다. 통상적인 경우, 소련은 핵무기 사용에 매우 제한적이었으며 핵무기 관리를 전선 부대에 위임하지 않았다.

도전하였지만 공산주의 정부가 상황을 통제하지 못하였다. 1981년 12월에 소련이 공식적으로는 개입하지 않는 가운데, 폴란드 군부가 정치에 개입하여 계엄령이 선포되고 "질서가 회복"되었다. 하지만 미국은 특별한 행동을 취하지 않았다. 1983년 10월에 미국은 그레나다(Grenada)를 침공하여 쿠데타로 권력을 장악한 사회주의 세력을 "제거"하였다. 당시 그레나다에는 비행장 건설을 위해 쿠바인들이 있었지만, 소련과 쿠바는 특별히 행동하지 않았다. 하지만, 동부 유럽과 중남미와 같이 "각자의 세력권"을 제외하고는 미국과 소련은 대결하였다. 미국은 레이건 독트린(Reagan Doctrine)을 통해 공산주의 세력과 투쟁하는 "자유의 전사들"을 지원한다고 결정하였고, 앙골라－니카라과 등지에서 반공을 내세우는 세력들에게 무기와 자금을 제공하였다. 이러한 지원은 특히 소련의 침공에 맞서 싸우는 아프가니스탄 게릴라에 집중되었다. 1979년 7월에 미국은 아프가니스탄 게릴라에 대한 지원을 시작하였고, 소련 침공 이후에 이러한 지원은 확대되어 특별작전(Operation Cyclone)으로 수행되었다. 미국은 소련군 헬리콥터를 격추하는 데 필요한 휴대용 대공미사일(FIM－92 Stinger)을 공급하였고, 파키스탄 정부를 통해 아프가니스탄 게릴라의 훈련에 무장에 필요한 자금을 제공하였다.**15**

---

15 아프가니스탄 게릴라를 지원하였던 또 다른 세력은 수니파 이슬람 근본주의자였다. 특히 사우디아라비아에서는 근본주의 세력이 강화되고 있었고 당시 20대였던 빈 라덴(Osama bin Laden)은 이러한 수니파 근본주의 세력의 지원을 토대로

2. 소련의 전략적 선택과 신사고, 그리고 냉전 경쟁의 완화

격화된 냉전은 소련에게는 재앙이었다. 계획경제의 고질적인 문제점 때문에 소련 생산력은 심각하게 저하되었고, 소련 사회가 필요로 하는 상품을 제조하지 못하였다. 1979~1982년 배럴당 석유 가격이 30달러를 돌파하면서 산유국 소련은 상당한 경제적 이익을 보았지만, 1983년 이후 석유 가격이 20달러로, 이후에는 10달러 수준으로 폭락하자 소련은 결정타를 입었다. 이에 소련은 미국과의 경쟁을 완화하고 시간을 벌면서 경제 개혁 등을 통해 자신이 가진 생산력을 회복하면서 강대국으로의 능력을 복원하려고 하였다. 이러한 필요성에 공감하는 고르바초프가 등장하면서 냉전은 전환점을 맞이하였다.[16]

파키스탄과 아프가니스탄에서 게릴라 및 난민을 지원하기 위한 조직(Afghan Services Bureau)을 창설하였다. 1980년대 후반에 아프가니스탄 게릴라 지원 조직은 알카에다(Al-Qaeda)로 변화하고, 미국 및 기독교 세력을 공격하였다.

16 당시 소련 지도자 안드로포프(Yuri Andropov)는 정부 부처를 혁신하면서 고르바초프를 통해 장관 및 지사의 20%를 젊은 사람으로 교체하였고, 그 결과 새로운 사고방식을 가지고 있고 소련에 개혁이 필요하다고 생각하는 지도자 집단이 등장하였다. 1984년에 안드로포프가 사망하자 통치권은 체르넨코(Konstantin Chernenko)가 승계하였지만 지병으로 적절한 지도력을 보여주지 못하였고, 1985년 3월에 사망하였다. 이에 고르바초프는 54세의 나이에 권력을 장악하고, 새로운 지도력을 보여주면서 소련을 개혁하려고 시도하였다.

보수파의 아성인 소련군은 이러한 개혁의 필요성에 이중적이었다. 일부는 냉전 격화로 군사력 증강이 필요하지만, 정작 소련 산업은 소련군이 요구하는 무기를 생산할 수 없다는 사실 때문에 개혁의 불가피성을 수용하였다. 특히 서방 자본주의 국가와의 경제적 격차가 더욱 벌어지면서, 장기적으로 소련은 미국과의 경쟁에서 패배한다는 위기감이 등장하였다.[17] 따라서 단기적으로는 후퇴한다고 해도 장기적으로는 생산력 및 기술력 향상이 필요하다고 보았다. 보수파의 지도자였던 육군참모총장 오르가코프(Nikolai Orgakov) 장군까지 1970년대 후반에 이미 "군사기술의 발전으로 서방 군사력은 핵무기를 사용하지 않고도 핵무기 사용 정도의 파괴력을 가지게 되었다"고 지적하면서, 군사기술에 대한 장기적인 투자가 필요하다고 강조했다.[18] 이러한 상황에서 1987

---

17 이와 같은 위기감은 예방 전쟁(preventive war)으로 이어질 수 있다. 투키디데스(Thucydides)는 펠로폰네소스 전쟁을 분석하면서 전쟁의 원인은 "아테네의 힘의 증가와 그에 따른 스파르타의 두려움"이라고 지적하였다. 하지만 소련은 미국의 힘이 증가하는 상황에서 미국을 공격하지 않았다. 이러한 차이는 1980년대 미국과 소련이 보유하고 있던 핵무기 때문에 전쟁의 비용이 너무나도 크고, 따라서 전쟁으로 문제를 해결할 수 없었기 때문이었다. Stephen G. Brooks and William C. Wohlforth, "Power, Globalization, and the End of the Cold War: Reevaluating a Landmark Case for Ideas," *International Security*, Vol. 25, No. 3 (Winter 2000/2001), pp. 5~52.

18 소련군 보수파는 군사기술에 대한 투자를 위해서 소비재 생산을 줄여야 한다고 주장하였고, 바로 이러한 이유에서 오르가코프는 고르바초프 집권 직전인 1984년에 해임되었다. 그가 지적한 "서방 군사력의 파괴성" 개념은 오늘날 군사혁명(RMA: Revolutions in Military Affairs)으로 발전되었다.

년 5월에 서독 국적의 10대 청소년(Mathias Rust)이 자신이 조종하는 세스나 민간 항공기로 핀란드에서 모스크바까지 비행하였다. 문제는 비행 동안 소련 방공망은 항공기를 정확하게 추적하지 못했으며, 결국 항공기는 오후 7시경 모스크바의 붉은 광장에 착륙하였다. 사건 직후 고르바초프는 그 책임을 물어 소련 군부의 보수파 세력을 제거하였다. 개혁 및 군축에 반대하였던 국방장관 및 방공사령관이 해임되었으며, 군부 보수파 수백 명이 전역하였다.

냉전 경쟁이 완화되기 위해서는 미국과 소련의 전략적 경쟁의 원인을 제거 또는 최소한 완화시켜야 했다. 냉전이 "자신의 안보를 위해 취한 조치가 상대방의 안보를 저해하게 되는" 안보딜레마 또는 소련의 제한적인 현상타파 성향에서 비롯되었기 때문에, 냉전 경쟁을 완화시키기 위해서는 안보딜레마를 완화시키고 소련의 현상유지 성향을 미국에게 설득해야 했다. 그리고 단순히 말(cheap talk)이 아니라 행동으로 보여주어야 하며, 현상타파 성향을 가지고 있는 경우에는 취하지 않을 행동(costly signal)을 통해서 현상유지 성향을 보여주고 상대방에 대한 불확실성에서 비롯된 안보딜레마를 극복해야 했다.**19** 따라서, 1985년에 소련이 제안하

---

19 불확실성이 존재하는 상황에서는 단순한 대화는 무의미하다. 모든 국가는 협상에서, 그리고 최종 합의에서 더욱 많은 것을 얻어내기 위해서 자신의 상대적 힘과 정치적 의지를 과장한다. 따라서 단순한 대화로는 상대에 대한 정확한 정보를 획득할 수 없으며, 상대방이 과장하기에는 너무나도 고통스러운 행동으로만

였던 핵실험 동결과 IRBM 배치 제한은 큰 의미를 가지지 못했다. 이러한 제안은 소련으로는 어려움 없이 집행할 수 있었고, 따라서 이러한 조치를 취한다고 해서 소련이 현상유지 국가라고 판단하기는 어려웠다. 1986년 10월에 레이카비크(Reykjavik) 정상회담에서 고르바초프는 10년 이내에 모든 핵무기를 폐기하자고 제안하였지만, 미국은 현실성이 없다고 제안을 거부하였다.[20]

1987년 2월에 소련은 핵무기 철폐 제안에서 한 걸음 물러나서 한 가지 종류의 핵무기를 폐기하다고 제안하였다. 선택된 종류의 핵무기는 1980년대 초반 서방측에서 엄청난 갈등의 대상이었던 IRBM이었으며, 미국이 호의적으로인 반응하면서 협상이 시작되었다. 1987년 11월에 최종 합의(INF Treaty: Intermediate-Range Nuclear Forces Treaty)가 체결되었다. 이것은 한 종류의 핵무기가 철폐된 최초의 사례였으며, IRBM에 대한 의존도가 높았던 소련으로는 더욱 고통스러운, 따라서 미국으로는 소련에 대한 신뢰를 가질 수 있는 협력이었다. 또한 소련은 이전까지 사찰에 대한 반대 입장을 포기하고 현지 사찰을 수용하였다.[21] 1988년 2월에

진성한 의도를 파악할 수 있다. 그리고 이와 같은 방법으로 진정한 의도를 확인하는 경우에만 신뢰 구축이 가능하다.

20 냉전 종식 과정에 대해서는 Raymond L. Garthoff, *The Great Transition: American-Soviet Relations and the End of the Cold War* (Washington, DC: Brookings Institution, 1994)와 Don Oberdorfer, *The Turn: From the Cold War to a New Era, 1983~1990* (New York: Poseidon Press, 1991) 등이 있다.

21 기술적인 이유에서 소련은 미국의 두 배가 넘는 IRBM을 보유하고 있었다.

고르바초프는 아프가니스탄에서 철수한다고 발표하였다. 이에 소련을 의심하였던 미국 보수파들도 소련에 대한 인식을 달리하였다. 아프가니스탄 철수는 "진정한 신사고의 증거"라고 평가하였고, 경제적인 이유 때문이기는 하지만 철수 결정은 "군사력 감축에 대한 의지를 보여주는 증거"라고 인정하였다.[22]

동시에 미국 또한 자신의 도발적인 태도를 줄이고 자신의 중요한 전략적 우위를 소련에 양보하였다. 1983년 3월에 미국은 소련의 전략 무기 공격에 무방비 상태로 노출되어 있는 미국 도시를 보호하기 위해 지상 및 우주에 광선 무기 등을 배치하고 이를 통해 탄도미사일을 격추한다는 전략방위구상(SDI: Strategic Defense Initiative)을 발표하였다. 이것은 당시 기술로 가능한가에

INF 조약으로 미국은 848기의 미사일을, 소련은 1,846기의 미사일을 폐기하였으며, 미국과 러시아는 이러한 합의를 지금까지 유지하고 있다. 사찰 문제에 있어서 이전까지 소련은 인공위성 정찰 등의 "개별 국가의 기술 자원을 이용하는 사찰"(national technical verification)을 강조했지만, 이번 합의에서는 현지 사찰을 수용하였다.

22 소련군 철수는 1988년 5월에 시작되어 1989년 2월에 완료되었다. 철수 직전인 1988년 4월에 제네바에서 상호불간섭 원칙을 인정하고 피난민의 자유 의지에 따른 송환과 정착 등의 사안이 합의되었다. 최종 합의에 아프가니스탄과 파키스탄이 서명하였고 미국과 소련은 추가 개입하지 않겠다고 선언하였다. 철수 과정에서도 아프가니스탄 게릴라의 공격은 계속되었지만, 소련군은 특별히 대응하지 않았고, 2월 15일에 철수를 지휘하였던 소련군 지휘관(Lt. Gen. Boris Gromov)이 철수 부대 마지막에서 도보로 소련으로 귀환하였다. 하지만 무자헤딘(Mujahideen)은 이러한 평화협정을 인정하지 않았고, 내전은 계속되어 소련 붕괴 후 소련이 지원하였던 아프가니스탄 공화국은 내전에서 패배하여 사라졌다.

대해서는 논란의 여지가 있었다. 동시에 기존의 상호확증파괴를 약화시키는 것이었으며, 전술적으로는 방어적이지만 핵무기 균형을 무의미하게 만들기 때문에 전략적으로는 매우 공격적인 행동이었다.[23] 소련은 SDI가 소련의 안보를 위협하며, 따라서 전쟁 가능성을 높인다고 비난하였다. 특히 소련 전략로켓군과 방공사령부는 미국의 "공격적 의도"를 심각하게 우려하였고, 고르바초프는 미국에게 SDI의 중단을 요구하였다. 특히 소련은 1986년에 레이카비크 정상회담에서 SDI를 거론하면서, 소련은 가지고 있지 않은, 그리고 컴퓨터 기술의 낙후로 개발하는 것이 매우 어려운 무기를 미국이 보유할 가능성을 우려하였다. 소련과의 전략적 경쟁이 완화되자, 미국은 SDI를 포기하였다. 1987년에 1단계 개념 계획이 완성되었지만 실제로는 추진되지 않고 사장되었다.

1988년 12월에 고르바초프는 UN 연설을 통해 대규모 군축을 제안하였고, 이어 서방측의 호응이 없다고 해도 일방적으로 500,000명의 병력을 감축한다고 선언하였다. 이른바 "방어적 방어"(defensive defense) 개념을 강조하면서, 1945년 이후 소련이 중부

---

23 이 문제에 대해서는 다음의 고전적 연구가 있다. Steven E. Miller and Stephen van Evera, *The Star Wars Controversy* (Princeton, NJ: Princeton University Press, 1986). 2012년 현재 이러한 시스템은 개발되지 않았고, 이후 미국 전체를 탄도미사일 공격으로부터 보호한다는 구상은 축소되어, 전술부대를 보호하는 부분적인 미사일 방어망(Ballistic Missile Defense)이 배치되었다.

유럽에 배치하였던 막강한 재래식 군사력의 감축을 실시하였다.[24] 1988년 12월에 정치국 회의에서 고르바초프는 소련은 "군축에 진지하다는 사실을 보여주어야 한다"고 강조하면서, 단순한 말이 아니라 일방적인 병력 감축과 같은 "행동이 중요"하다고 주장하였다. 동시에 병력 감축은 군사비 감축 또는 방어력 약화라는 단기적인 효과보다는 "미국과의 경쟁을 완화시킬 수 있는 결정적 계기"라는 장기적인 결과의 측면에서 평가해야 한다고 지적하였다.[25]

이와 같이 협력이 강화되면서 신뢰가 구축되었고, 동시에 신뢰가 구축되면서 협력은 더욱 강화되었다. 상대방에 대한 불확실성이 감소하고 상대방이 현상타파 국가가 아니라고 알게 되면서, 미국과 소련 사이에 존재하였던 안보딜레마는 상당 부분 해소되었다. 따라서 이전에는 협상의 중요한 사안이었던 사찰과 검증 절차까지 문제가 되지 않았다. 미국과 소련으로 대표되는

---

24 "방어적 방어"는 공격을 당하는 경우에 즉각적인 반격이 아니라 전선 유지에 집중하고 예비 병력의 이동을 기다린다는 소련군의 작전 개념이었다. 당시까지 소련군은 전쟁이 발발하는 경우에는 중부 유럽에 집중된 자신의 병력으로 NATO 군사력을 공격하여 파괴한다는 "공격적 방어" 개념을 고수하였으나, 1987년 5월의 "세스나 사건"을 계기로 보수파가 숙청되면서 이러한 작전 개념의 전환이 가능하였다.

25 CWIHP, "On the Eve: A Glimpse Inside the Politburo at the End of 1988," *Cold War International History Bulletin*, No. 12/13 (Fall/Winter 2001), pp. 24~29. 해당 정치국 회의는 1988년 12월 27일과 28일에 개최되었다.

[그림 9] INF 조약 서명 (1987년 12월 8일 백악관)

NATO－WP 국가들은 1989년 1월에 유럽에 배치된 재래식 군사력 감축에 합의하였고, 3월부터 구체적인 협상을 시작하였다. 이 과정에서 미국은 소련에 대한 신뢰에 기초하여 "검증 없는 군축"에 동의하였다.[26] 최종 합의에서는 현지 사찰이 허용되었지만, 협상 초기에 미국이 "검증 없는 군축"에 동의하였다는 사실 자체는 미국이 소련의 행동에 상당한 신뢰를 가지고 있었다는 사실을 보여주었다. 협상은 순조롭게 진행되었으며, 그 과정에 소련의

26 군축에서 가장 중요한 원칙으로 이야기되는 것은 "믿어라, 그리고 검증하라"(Trust, but Verify)라는 표현이다. 따라서 검증 없는 군축이란 상대방에 대한 확고한 신뢰가 존재하지 않는 경우에는 현실성이 없는 정책이었지만, 미국의 소련에 대한 신뢰는 1989년 무렵에는 "검증이 필요하지 않은 수준"에 도달하였다.

동부 유럽 위성국가에서 공산주의 정권이 붕괴하기 시작하였다. 과거 소련은 1956년에 헝가리와 1968년에 체코슬로바키아의 자유주의 운동을 군사력을 동원하여 저지하였지만, 1989년에는 행동하지 않았다. 즉 제한주권론과 브레즈네프 독트린을 포기하였고, 개별 국가들의 "선택"을 존중하였다. 이후 계속된 협상을 통해 중부 유럽의 재래식 군사력 감축에 대한 최종 합의(CFE Treaty: Conventional Forces in Europe Treaty)는 1990년 11월에 체결되었다.[27] 하지만 1991년 2월에 WP 자체가 해산되면서, 냉전의 중요한 부분이었던 재래식 군사력 경쟁과 경쟁적 군사동맹은 소멸하였다.

3. 독일 통일과 소련의 붕괴

분단된 독일은 유럽에서의 냉전을 상징하는 국가였다. 1950년대와 1960년대에 미국과 소련은 "독일 문제"를 놓고 대립하였으며,

---

27 NATO와 WP은 대서양에서 우랄산맥(ATTU: Atlantic to the Urals)까지의 유럽에서 탱크와 대포를 각각 20,000대, 장갑차 30,000대, 항공기 6,800대, 헬리콥터 2,000대를 배치하기로 합의하였다. 1988년에 WP 군사력에 대한 NATO 추정치는 탱크 51,500대, 포병 43,400문, 장갑차 93,400대, 항공기 8,250기, 헬리콥터 3,700대였으며, NATO 군사력에 대한 WP 추정치는 탱크 30,690대, 대포 57,060문, 항공기 7,130기 그리고 헬리콥터 5,270대였다. Richard A. Falkenrath, *Shaping Europe's Military Order: The Origins and Consequences of the CFE Treaty* (Cambridge, MA: The MIT Press, 1995).

독일을 통제하기 위해 많은 노력을 기울였다. 서독은 서부 유럽에서, 그리고 동독은 동부 유럽에서 가장 발달된 산업과 경제력을 보유하였고, 특히 소련에게 동독은 제2차 세계대전 최고의 "전리품"이었다. 서독과의 접촉과 동독 주민들의 서독 방송 시청 때문에 동독 정부는 많은 어려움이 있었지만, 1988년에 동독은 자신의 생존을 보장하고 대외적으로도 적극적으로 행동할 수 있었다.**28** 그리고 1989년 봄까지도 동독의 존재에 의문을 제기하는 사람은 없었다. 1989년 4월에 서독에서 실시된 여론조사에서 서독 주민의 50% 정도는 독일 통일은 포기해야 하며, 독일은 통일을 바란다는 모습을 보여서도 안 된다고 응답하였다. 하지만 1989년 5월에 헝가리 정부가 국경 개방을 선언하면서 문제가 발생하였다. 상당 숫자의 동독 "관광객"이 헝가리를 방문하여 부다페스트 주재 서독 대사관에 "진입"하고는 퇴거를 거부하였다. 이와 같은 동독

---

28 1988년 올림픽에서 소련은 금메달 55개를 획득하면서 1위를, 동독이 금메달 37개로 2위를 차지하였다. 3위는 금메달 36개를 따냈던 미국, 4위는 금메달 12개를 획득한 한국이었다. 참고로 당시 전체 금메달 숫자는 241개였다. 동독은 하계 올림픽에 5회 출전하여 총 409개의 메달을 획득하였으며, 선수 3.3명당 1개의 메달을 획득하였다는 측면에서 "가장 효율적"이었고 엘리트 체육에 집중 투자하였다. 선수 당 메달 숫자의 측면에서 소련은 10회 출전으로 1,122개의 메달을, 그리고 선수 3.4명당 1개의 메달을 획득하였고, 미국은 25회 출전하여 2,292개의 메달을, 선수 4.1명당 1개의 메달을 땄다. 2008년 하계 올림픽까지 한국은 15회 출전하여 215개의 메달을 땄으며 11.4명당 1개의 메달을, 북한은 8번 출전에서 41개의 메달을 획득하였고 8.3명당 1개의 메달을 땄다. http://www.economist.com/blogs/graphicdetail/2012/07/daily-chart-olympics-0에서 보다 상세한 정보를 찾을 수 있다. (2012년 8월 20일 확인)

주민의 "탈출" 문제로 1971년 5월부터 동독을 통치하였던 호네커(Erich Honecker)는 1989년 10월에 실각하였다.[29] 새로 권력을 장악한 크렌츠(Egon Krenz)는 상황을 통제하지 못했고 11월 초에 500,000명의 시위대가 동독의 수도인 베를린을 장악하였다. 11월 9일에 동독 정부는 주민의 "해외여행"을 간편하게 한다는 결정을 내렸지만, 동독 정부 대변인은 "해외여행에 대한 모든 제한이 풀렸고" 동시에 "해외 이주에 필요한 비자는 신청할 필요가 없으며" 국경 경비대는 "모든 여행객에게 즉석에서 비자를 발급한다"고 발표하였다. 흥분한 베를린 시민들은 베를린 장벽으로 몰려들었고, 베를린 장벽을 경비하던 동독 병력은 시위대에게 발포하지 않고 물러났다. 시위대는 곧바로 장벽을 무너뜨렸으며, 1989년 11월 10일 새벽에 동서 베를린 시민들은 얼싸안고 춤을 추었다. 드디어 냉전의 상징이 사라져버렸다.[30]

1989년 11월 28일에 서독 정부는 동독과의 협력 강화를 위한 10개 조항의 프로그램을 제시하면서, 최종적으로는 협력을 통해 통일을 달성한다고 선언하였지만 구체적인 시한은 공개하지 않았다.

---

29 동독은 고질적인 인구 부족에 시달렸다. 1948년에 1,900만의 인구는 1990년에는 1,600만 명으로 감소하였다. 이것은 동독 주민들의 "해외 이주"—특히 서독으로의 이주— 때문이었고, 1961년에 베를린 장벽이 구축되기까지 전체 인구의 25%가 베를린을 통해 서독으로 이주하였다.

30 Philip Zelikow and Condoleezza Rice, *Germany Unified and Europe Transformed: A Study in Statecraft* (Cambridge, MA: Harvard University Press, 1997), pp. 63~101.

[그림 10] 베를린 장벽 개방 (1989년 11월 9일)

하지만 1990년 3월 18일에 동독 최초의 자유선거에서 동독 공산당은 참패하여 22%의 지지만을 얻었으며, 기독교 민주당이 승리하여 전체 의석의 40%를 차지하였다.[31] 동독 경제 및 사회체제가 붕괴하고 생산이 중단되면서, 동독 사회는 자신의 생존을 위해서 서독과의 통일을 필요로 하였다. 동독 통화는 동독 내부에서는 유통되었지만, 동독 외부에서는 전혀 가치를 인정받지 못했고, 따라서 동독은 필요한 물자를 외국에서 수입할 수 없었다. 이에 1990년 5월 18일에 동독과 서독은 경제 · 통화 · 사회 통합을 위한 합의에 서명하였고 서독 마르크화가 동독의 공식 통화로 1990년 7월 1일부터 유통되었다. 이에 동독은 통화 정책의 자율성을 완전히 포기하였으며 서독은 동독 경제에 보조금을 지급하고 다양한 지원을 실시하였다.[32] 동시에 서독 법률이 동독 지역에서

---

31 동독 기독교 민주당은 서독 집권당이었던 기독교 민주당의 동독 지부로서 1945년에 창설되었다. 하지만 1989년까지 동독 기독교 민주당은 동독 공산당의 하부 기관으로 활동하였고, 선거에서 동독 공산당과는 실질적으로 경쟁하지는 않았다. 베를린 장벽이 무너진 직후인 1989년 12월에 공산당 정권에 협력하였던 지도부는 완전히 제거되고, 개혁파 지도부가 들어섰다. 1990년 2월에 동독 기독교 민주당은 통일을 요구하는 세력을 규합하여 독일연합(Alliance for Germany)을 구성하였고, 1990년 3월 선거에서 독일연합은 전체 의석의 48%를, 동독 기독교 민주당은 40%를 획득하였다.

32 서독 정부는 통일에 대한 동독 주민들의 반대를 무마하기 위해서 동독 마르크화의 액면 가치를 인정하여 서독 마르크화로 1 : 1 교환하였고, 일부 부채의 경우에는 2 : 1로 교환하였다. 1980년대 중반의 시장 환율은 서독 1마르크가 5.10동독마르크였기 때문에, 이러한 1 : 1 태환(兌換)은 동독 주민에게는 엄청난 이익이었다. 하지만 이러한 결정은 동독 화폐의 가치를 절상한 것이었고, 따라서 동독 산업은

도 효력이 인정되었으며, 결국 정치적 통합을 제외한 모든 종류의 통일이 이루어졌다.

1990년 중반에 협상이 시작된 통일 조약은 8월 31일에 서명되었고, 9월 20일에 동독과 서독 의회에서 승인되었다. 1990년 10월 3일 0시를 기점으로, 동독을 구성했던 5개 주(Brandenburg, Mecklenburg-Vorpommern, Saxony, Saxony-Anhalt, Thuringia)가 서독에 가입하면서, 흔히 서독이라고 불렀던 독일연방공화국의 영토는 확상되었다.**33** 이러한 과정에서 제2차 세계대전의 승전국으로 독일을 "점령"하고 있었던 미국 · 영국 · 프랑스 · 소련은 독일 통일이라는 현실을 수용하였다. 영국과 프랑스는 "소련의 이익을 존중"하고 동유럽의 점진적 민주화가 중요하다고 주장하면서, 독일 통일은 유럽의 불안정성을 높인다고 보았다.**34** 1989년 12월의 말타 정상회담(Malta Summit) 이후 미국은 동독과 서독 그리고 점령국 4개국을 참여하는 협상을 제안하였고, 최종 합의는 1990년

환율 하락으로 경쟁력을 상실하였다.

33 서독은 연방 국가였으나, 동독은 연방 국가가 아니라 중앙집권 국가였다. 1952년에 행정 개혁으로 동독 정부는 기존 연방 구성단위를 해체하고 수도 베를린을 포함하여 총 15개 행정단위로 개편하였다. 통일 직전에 전통적인 5개 주(Länder)가 복원되고, 그 5개 주가 서독에 개별적으로 가입하면서 통일이 이루어졌다.

34 베를린 장벽 붕괴 직후, 영국과 프랑스는 독일 통일에 대한 반대 의견을 미국에 전달하였다. 특히 영국의 대처(Margaret Thatcher) 수상은 부시(George H. W. Bush) 대통령과의 정상회담을 통해, 독일 통일을 우려하는 유럽 국가들의 의견을 전달하였다. 하지만 미국은 독일 통일을 지지하였다. Zelikow and Rice, *Germany Unified and Europe Transformed*, pp. 102~148

9월 12일에 독일 통일을 국제적으로 인정하는 이른바 "2+4조약"(Treaty on the Final Settlement with Respect to Germany)이 모스크바에서 체결되었다.

통일 독일은 1871년과 1918년에 이어서 또다시 유럽 대륙 최고의 강대국으로 부상하였다. 러시아를 제외하고는 가장 많은 인구와 최대의 경제 규모, 그리고 세계 최고 수준의 산업 및 과학기술 능력을 보유하였기 때문에, 1990년에 서독에 동독이 편입되면서 만들어진 통일 독일은 명실상부한 유럽 대륙 최고의 강대국이었다. 그리고 바로 이러한 이유에서 통일 독일은 주변 국가들에게는 심각한 위협으로 작용할 수 있었으며, 특히 1914년과 1939년에 독일이 두 번의 세계대전을 일으켰다는 사실 때문에 이러한 위협은 단순한 가능성에 그치지 않았다. 특히 미어세이머(John J. Mearsheimer)는 냉전이 종식되면서 소련과의 대결이 끝났고, 따라서 미국이 유럽 대륙에서 군사력을 철수하는 경우에, 통일 독일과 주변 국가들은 서로를 의심하고 두려워하면서 다극체제의 고질적인 경쟁과 불확실성이 나타나고, 그리고 최종적으로는 전쟁이 발생할 수 있다고 경고하였다.[35]

---

35 John J. Mearsheimer, "Back to the Future: Instability in Europe After the Cold War," *International Security*, Vol. 15, No. 1 (Summer 1990), pp. 5~56. 이러한 주장은 공격적 현실주의(offensive realism) 형태로 발전하였다. 또한 미어세이머는 이러한 불안정성을 교정하기 위한 수단으로 적절하게 통제되는 핵확산을 통해서 통일 독일 등이 핵무기를 보유하도록 해야 한다고 주장하였다.

하지만 미국은 냉전 종식 이후에도 유럽에 지속적으로 군사력을 유지하였고 동시에 세계는 다극체제가 아니라 미국 중심의 일극체제로 변화하였다. 동시에 통일 과정에서 독일은 주변 국가들에게 통일 독일이 공격적으로 행동하지 않겠다고 설득하는데 성공하였다. 특히 독일은 새롭게 등장한 "독일인의 국가"가 유럽 최고의 강대국으로 부상하지만 이전과는 달리 공격적인 행동을 하지 않겠다고 다짐하면서 자신의 군사력을 일방적으로 감축하였다. 통일 독일 정부는 통일 조약 3조 1항에서 핵확산금지조약을 준수할 것을 다짐하였고, 3조 2항에서는 통합군사력을 370,000명 이하로 유지한다고 선언하였다.[36]

동시에 미국과 독일은 NATO를 사용하여 독일의 잠재적인 공격 성향을 통제하였다. 독일 통일을 위한 미국과 소련의 협상 과정에서, 소련은 독일이 통일 이후에 NATO에서 탈퇴하고 중립을 선언해야 한다고 주장하였다. 하지만 미국은 소련을 설득하여 통일 독일이 NATO에 잔류하는 것이 필요하며 "독일 위협"을 통제하는 방법으로 NATO라는 다자안보제도를 제시하였다. 협상 과정에서 미국은 "독일이 중립을 선언하고 NATO에서 탈퇴한다

---

36 통일 직전인 1988년에 서독과 동독의 병력은 각각 488,700명과 172,000명으로, 동서독을 통합한 "독일군" 전체 병력은 660,700명이었다. International Institute for Strategic Studies, *The Military Balance, 1988 ~1989* (Boulder, CO: Westview Press, 1989), pp. 48~49, pp. 65~67. 이후 통일 독일의 군사력은 56% 수준으로 감축되어 370,000명으로, 그리고 육군과 공군 병력의 합이 345,000명으로 제한되었다.

면, 미국 군사력은 독일에서 철수하게 되며 따라서 독일의 군사 행동을 통제할 수 없다"고 지적하였다. 이에 소련은 "1919년의 베르사유 체제와 같이 독일이 독자적으로 군사력을 강화하여 주변 국가를 위협"하는 상황은 바람직하지 않다는 데 동의하였다.**37** 그리고 미국과 소련 · 러시아는 기존의 NATO 체제가 가진 세 가지 목표—미국의 군사력 배치, 소련의 침공 억지, 독일 통제—가운데 독일 통제(Keep the Germans Down)라는 목표를 통일 이후 25년 이후인 현재까지도 성공적으로 달성하였다.

냉전의 최종적인 결말은 소련의 소멸이었다. 1985년 고르바초프의 등장 이후 소련 내부의 보수파는 개혁과 개방에 불만을 표시하였으나, 개혁 정책은 뚜렷한 성과를 가져오지 못했다. 경제 사정이 지속적으로 악화되었으며 소련을 구성하고 있는 공화국들에서는 독립을 요구하는 민족주의 세력이 강화되었다. 1990년 3월에 그루지야 · 라트비아 · 리투아니아 · 에스토니아 등의 공화국이 소련에서 탈퇴한다고 선언하였고, 1990년 6월에 러시아는 독립을 선언하면서 소련 법률과 상충되는 법률안이 러시아 의회에서 승인되었다. 이러한 배경에서 1991년 3월에 고르바초프는 국민투표를 통해 소련을 하나의 대통령이 존재하며 외교 · 군사 정책을 공유하는 공화국들 연합으로 개조하였다.**38**

---

37 Zelikow and Rice, *Germany Unified and Europe Transformed*, pp. 181～184.

38 국민투표는 1991년 3월 17일에 실시되었다. 그루지야 · 라트비아 · 리투아니아 · 아제르바이잔 · 에스토니아 등은 거부하였지만, 대부분의 공화국은 새로운

보수파들은 상황이 악화되는 경우에는 소련이 해체될 수 있다고 우려하였고, 특히 독일이 통일되고 동독이 소멸하면서 소련의 영광을 상징하는 "전리품"이 사라졌다는 사실에 상당한 불만을 표출하였다. 1990년 12월에 보수파들은 KGB를 중심으로 "급변 사태에 대비한 계획"을 수립하였고, 총리와 국방장관, 그리고 내무장관 등의 고르바초프 정부의 주요 인사가 음모에 가담하는 가운데, 고르바초프는 보수파를 경질할 계획을 주변과 논의하였다. 보수파는 고르바초프를 설득하여 계엄령을 선포하고 "질서를 회복"한다는 기존 계획을 포기하고 1991년 8월에 고르바초프가 여름휴가를 떠나자 이를 기회로 쿠데타를 감행하였다. 8월 18일에 보수파 대표들은 고르바초프에게 국가비상사태를 선포하라고 요구하였지만, 고르바초프는 거부하였고 결국 보수파는 고르바초프를 구금하고 독자적으로 행동하였다. 보수파는 비상사태를 선포하고 언론을 장악하였지만 러시아 공화국 대통령인 옐친(Boris Yeltsin)을 체포하지 못했고, 소련군이 모호한 태도를 보이는 가운데 옐친은 보수파의 쿠데타를 격렬히 비난하였으며 결국 쿠데타는 실패하였다.**39**

연방조약(Union Treaty)을 시사하였다. 전체 투표율은 80% 정도였으며, 투표자의 70%가 찬성하였다. 이것은 소련 역사상 처음이자 마지막 국민투표였다.

39 보수파는 특수부대를 동원하여 옐친 세력의 거점인 러시아 국회의사당을 점령하려고 시도하였다. 하지만 모스크바 시민들이 바리케이드를 치고 국회의사당을 방어하고 있었고, 동원된 병력은 유혈사태를 우려하여 적극적으로 행동하지 않았다. 8월 21일 새벽에 공격이 실시되었지만, 공격 명령은 집행되지 않았고

연금되었던 고르바초프는 8월 22일에 모스크바로 귀환하였고 쿠데타 주모자들은 체포되었다. 이와 함께 상황에 대한 통제력을 상실한 고르바초프는 소련 공산당 서기장 직위에서 사임하였고, 소련은 해체 과정에 들어갔다. 주요 공화국이 독립을 선언하는 가운데, 1991년 12월 8일에 독립국가연합(CIS: Commonwealth of Independent States)이 창설되었으며 12월 24일에는 러시아가 UN에서 소련을 승계한다고 통보하였다. 12월 25일에 고르바초프는 소련 대통령 직위에서 사임하였고 다음 날인 26일에 소련은 소멸하였다. 이것으로 냉전은 종결되었다. 1945년 이후 미국과 소련의 전략적 경쟁이었던 냉전은 전략적 경쟁 자체가 완화된 상황에서 경쟁의 당사자 가운데 하나인 소련이 정치적으로 소멸하는 형태로 종식되었다.

제한적인 충돌로 3명의 민간인이 사망하자 동원된 병력은 공격을 중지하였다. 8월 21일 오전 8시에 동원 병력은 모스크바에서 철수하기 시작하면서 공격은 취소되었다.

제6장

맺음말: 냉전 이후와 냉전의 교훈

냉전은 평화롭게 종식되었다. 미국과 소련의 전략적 경쟁은 군사적 충돌 없이 종결되었고, 안보딜레마는 사라졌다. 국제적 무정부상태 자체가 사라지지는 않았지만, 미국과 소련이 서로 상대방이 현상유지 국가라는 것을 파악하고 공동의 이익을 위해 협력하게 되면서 안보딜레마는 소멸하였다. 즉 자신의 안전을 위해 취한 조치가 상대방의 안전을 저해한다는 사실을 인식하고, 자신의 단기적인 안전을 희생해서라도 장기적인, 그리고 공동의 안전을 추구하는 데 성공하였다. 그리고 공동의 이익을 추구하면서 이미 존재하고 있는 현상유지 성향은 더욱 강화되는 선순환이 발생하였다.

냉전이 끝나고 나서 세계는 일극체제로 변화하였다. 하지만 이러한 미국 중심의 일극체제는 오래 유지되지 않을 듯하다. 2003년 3월 이후 이라크전쟁에서 미국은 자신의 압도적인 군사력을 낭비하였고, 2008년에 금융위기를 거치면서 미국의 경제적 힘 또한 감소하였다. 대신 부상하였던 나라는 소련의 후계자인 러시아가 아니라 냉전 기간 공산주의 국가였지만 1970년대 이후 미국의 동맹국으로 행동하였던 중국이었다. 그리고 지금 현재, 세계는 점차 미국과 중국 중심의 양극체제로 변모하고 있다.

그렇다면 냉전의 경험은 앞으로의 세계에 어떠한 교훈을 줄 수 있는가? 그리고 냉전 연구의 결과는 무엇인가? 특히 국제정치이론 연구와 외교정책에 있어서 가지는 함의는 무엇인가? 이와 같은 사안이 냉전에 대해 우리가 지속적으로 관심을 가져야 하는 이유이다.

1. 냉전 연구의 잠정적 결과

냉전 연구에서 나타나는 가장 중요한 사안은 국제정치를 분석하기 위해서는 단순히 강대국의 숫자 이상의 독립변수가 필요하다는 사실이다. 냉전의 전체 기간 동안 강대국의 숫자로 정의되는 극성은 양극체제로 동일하였으나, 냉전 내부의 경쟁 정도는 큰 차이를 보였다. 설사 1950년대 냉전 갈등의 근본 원인이 "독일문제"였다는 주장을 수용한다고 해도, 1980년대 초반에 나타났던 미국과 소련의 전략적 경쟁의 격화는 설명하기 어렵다. 즉 극성 또는 강대국의 숫자만으로 국제정치를 설명하는 것은 한계가 있으며, 냉전 내부의 경쟁 수준의 변화에 초점을 맞추는 경우에는 추가 변수가 필요하다. 물론 이러한 독립변수의 추가는 이론의 간결성(parsimony)을 저해하는 문제점이 있으며 동시에 독립변수 사이의 충돌 또는 상호연관성 때문에 논리적인 어려움을 초래한다. 하지만 이와 같은 문제점을 수반한다고 해도, 보다 정교한 설명과 그것을 가능하게 할 변수 추가는 불가피하다.[1]

또 다른 사안은 국제정치에서 오인(misperception) 가능성은 크지 않다는 사실이다. 냉전 기간 미국과 소련은 상대방의 의도와 능력을 비교적 정확하게 인식하였다. 1950년대에 미국은 소련의 능력을 과대평가하였고 1960년대와 1970년대에는 과소평가했지만, 전체적으로 미국의 소련에 대한 평가는 정확하였다. 즉 냉전 기간 동안 인식은 현실을 비교적 정확하게 반영하였고, 따라서 "인식"을 추가 독립변수로 강조하는 것은 필요하지 않다.[2] 인식이 독립적으로 작용하기 위해서는 객관적인 현실과 주관적인 인식이 큰 차이를 보이고 이것 때문에 국가 행동에서 변화가 나타나야

---

1 독립변수의 숫자가 증가한다면 설명은 더욱 풍부해지고 동시에 더욱 정교해진다. 하지만 독립변수의 숫자가 증가하기 때문에 독립변수들 사이의 상관관계가 나타날 가능성이 높아지며, 이것은 통계학에서 이야기하는 이른바 다중공선성(multicollearity) 문제를 유발한다.

2 따라서 인식 및 오인에 집중하기보다는 상대방의 의도를 파악할 수 없기 때문에 나타나는 불완전 정보 또는 불확실성에 초점을 맞추는 것이 중요하다. 현실적으로 나타나는 문제는 정보가 부족한 상황에서 상대방의 행동을 어떻게 해석하느냐이며, 부분적인 행동을 통해 상대방의 의도를 유추하고자 한다.

하지만, 냉전 기간 동안 이러한 차이와 변화는 존재하지 않았다. 소련이 비교적 현상타파 성향을 보일 때, 미국은 전반적으로 소련을 현상타파 국가로 인식하였다.[3] 특이한 것은 소련의 미국에 대한 인식이다. 추가 자료가 등장해야만 정확한 사실을 판단할 수 있지만, 객관적인 현실과 주관적인 인식의 격차는 소련에서 보다 심각하였던 듯하다. 소련은 미국을 상당히 현상타파적인 국가로 인식하였고, 이러한 인식에 기초하여 자신의 팽창과 제한적인 현상타파 성향을 정당화하였다. 이러한 현상이 민주주의적이지 않은 소련 정치체제 때문인지, 아니면 다른 요인 때문인지에 대해서는 추가 연구가 필요하다.

이러한 측면에서 과연 안보딜레마가 작동하였는가에 대한 논의가 필요하다. 안보딜레마가 나타나는 근본 이유가 불확실성이기 때문에, 이러한 상대방에 대한 불확실성을 왜 극복할 수 없는가의 문제가 있다. 특히 미국과 소련이 1980년대 후반에 안보딜레마를 극복하였기 때문에, 이러한 극복 사례와 극복을 실패하였던 사례를 비교할 필요가 있다. 또한 근본적으로 안보딜레마가 과연 존재하는가에 대한 논의가 필요하다. 인식이 상당

3 하지만 그 정도에서는 차이가 있었다. 소련의 현상타파 성향은 상당 부분 제한적이었지만, 미국의 보수파 정책결정자들은 소련을 극단적인 현상타파 국가로 인식하였고 소련 지도자를 종종 히틀러(Adolf Hitler)에 비교하였다. 하지만 공산주의 소련은 나치 독일과는 비교될 수 없었고, 소련의 현상타파 성향은 1930년대와 1940년대 독일의 현상타파 성향과 비교하기에는 상당히 제한적이었다.

부분 정확하다면—최소한 미국의 소련에 대한 인식이 정확하다면—정확한 인식을 통해 불확실성이 치유되고 안보딜레마를 극복하지 못했던 이유를 분석할 필요가 있다. 반면 냉전의 상당 부분이 정확한 인식에 기초하였다면, 냉전은 "자신의 안전을 위해 취한 조치가 상대방의 안전을 저해"하는 안보딜레마가 아니라 "최소한 한 국가는 현상타파 국가"였기 때문에 발생한 안보경쟁이다.

2. 냉전 이후의 세계와 그에 대한 냉전의 교훈

냉전 직후 1990년대의 세계는 미국 중심의 일극체제였다. 하지만 미국은 이러한 상대적 힘의 정점을 오래 유지하지 못했다. 2000년대에 접어들면서 테러와의 전쟁을 시작하였고, 미국의 부시 행정부는 2001년 10월에 아프가니스탄과 2003년 3월에 이라크를 침공하면서 군사적 역량을 허비하였다. 특히 이라크에서 상황은 계속 악화되었고, 2006년 2월을 기점으로 이라크전쟁이 종파내전으로 변모하면서 미국은 속수무책이었다. 시아파와 수니파가 자신들의 생존을 놓고 싸우는 가운데, 미국은 철군을 시도하였다. 2007년 1월에 증파(Surge)와 수니파 민병대의 등장으로 이라크 상황은 안정되고, 2011년에 미국은 이라크에서 완전히 철수하였다. 2008년의 금융위기는 미국 중심의 일극체제에 또 다른 타격으로 작용하였다. 미국의 경제력이 더욱 약화되는 가운데, 당시까지 부각되지 않았던 중국의 금융 경제력이 본격적으로 등장하였다. 중국 경제가 성장하면서 미국을 앞지르는 것이 시간문제라고 논의되는 현재 시점에서 세계가 미국과 중국 중심의 양극체제로 재편될 가능성이 매우 크다.

이러한 상황에서 미국과 중국의 군사적 충돌 가능성 또한 논의되고 있다. 하지만 이러한 군사충돌은 전면 핵전쟁 또는 미국과 중국의 정면충돌은 아닐 것이다. 가장 흔히 거론되는 것은 대만 문제로, 미국과 중국이 대립하는 것으로 대만 독립과 같은 행동에 따라 중국이 군사력을 사용하고 이에 미국이 개입하는 등의 시나리오로, 모두가 제한적인 정치적 목표를 추구하기 위하여 군사적 수단을 사용하는 경우이다. 특히 중국은 도련(島連, island chains) 개념에 기초하여 반접근/접근거부(A2/AD: Anti-Access/Access Denial)로 미국의 동아시아 배치 군사력을 마비시키려고 한다면, 미국은 공해전(Air Sea Battle)을 통해 중국의 방어망을 돌파하여 대만으로 대표되는 동북아시아에 자신의 군사력을 투사하고자 한다.[4]

---

4 Michael S. Chase, Kevin L. Pollpeter, Derek Eaton, Roger Cliff, and Mark Burles, *Entering the Dragon's Lair: Chinese Antiaccess Strategies and Their Implications for the United States* (Santa Monica, CA: RAND, 2007) 그리고 Andrew Krepinevich, *Why Air Sea Battle?* (Center for Strategic and Budgetary Assessments Studies, February 2012).

[그림 11] 중국의 도련 개념

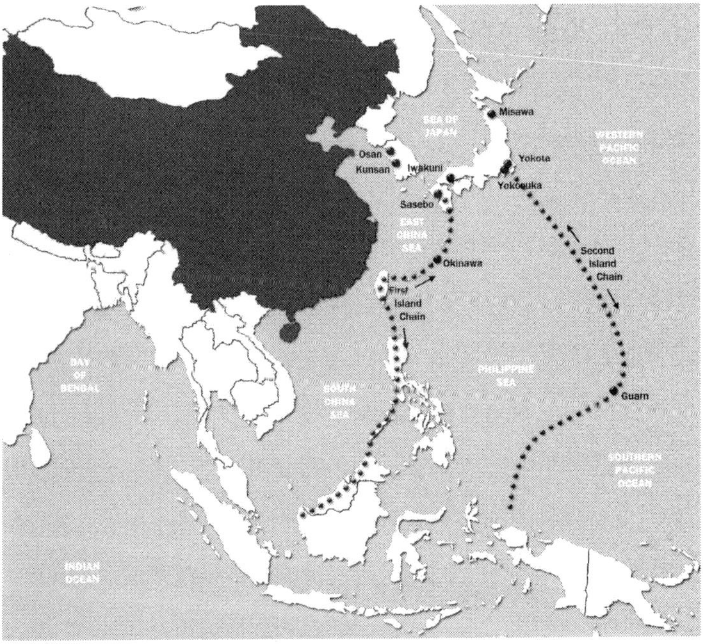

그렇다면, 냉전의 경험이 미국과 중국의 양극체제에 제시하는 교훈은 무엇인가? 첫째, 지금과 같이 미국과 중국이 제한적인 목표를 추구하는 상황에서도 안보경쟁이 발생할 수 있다는 사실을 인식하고, 불필요하게 경쟁이 격화될 가능성을 봉쇄하는 것이 필요하다. 냉전 기간에서 나타났듯이, 1950년대와 1980년대 전반과 같은 경쟁의 격화는 피해야 한다. 또한 제한적 목표를 추구하기 때문에 격화된다고 해도 경쟁이 그다지 격렬하지는 않을 수 있지만, 일단 경쟁이 격화되는 경우에는 그 자체로서의 역동성을

가질 수 있으므로 악화 가능성을 미연에 차단해야 한다. 둘째, 현재 미국과 중국 사이의 정치적 현안인 "대만 문제"를 미국과 소련 사이의 중요한 사안이었던 "독일 문제"와 같이 동결하는 것이 필요하다. 서독 핵무장을 절대 용납하지 못했던 소련에게 핵확산금지조약이 중요한 수단으로 작용하였듯이, "대만 독립"을 허용할 수 없는 중국에게는 이러한 가능성을 봉쇄하고 현재 상태를 동결하는 것이 중요한 해결책일 것이다.[5] 현재로는 미국이 대만에게 중국의 군사력 사용이 있는 경우에는 대만을 군사적으로 보호하지만, 대만이 "독립 선언" 등으로 중국의 군사력 사용을 유도 또는 도발하는 경우에는 미국이 군사적 지원을 하지 않겠다고 경고하는 방안 등이 논의되고 있다. 하지만 이러한 정책을 보다 명확하게, 그리고 제도화하는 것이 필요할 수 있다.[6]

셋째, 냉전은 평화적으로 종식되었다. 따라서 미국과 중국 사이에도 비극적인 전략적 경쟁이 시작된다면, 이러한 경쟁 또한 평화롭게 종식될 수 있다. 물론 경쟁이 더욱 격화될 수도 있지만

---

5 "대만 독립"란 현재 중화민국을 공식 국호로 하고 있는 대만이 중국의 일부가 아니라 중국과는 독립된 단위체로 스스로를 규정하는 행동을 의미한다. 예를 들어, 대만이 국호를 중화민국에서 "대만공화국"(Republic of Taiwan) 등으로 변경하는 것은 대만이 중국(China)의 일부가 아니라 독립된 단위라는 것을 의미하기 때문에 궁극적인 중국의 통일을 강조하는 중국의 입장에서는 용납할 수 없다.

6 과연 어떠한 방식으로 이러한 조건부 군사 지원을 제도화할 수 있는가를 찾아내는 것이 중요한 정책 사안이 될 것이다. Thomas J. Christensen, "Fostering Stability or Creating a Monster? The Rise of China and U. S. Policy toward East Asia," *International Security*, Vol. 31, No. 1 (Summer 2006), pp. 81~126.

경쟁의 격화가 필연적인 결과는 아니며, 경쟁이 종식될 수도 있다는 사실을 인식하고 이러한 가능성을 현실에서 실현하기 위해서 노력해야 한다. 2,500년 전 그리스의 역사가 투키디데스는 펠로폰네소스 전쟁은 "아테네의 힘의 증가와 그에 대한 스파르타의 두려움" 때문에 발발했다고 주장하였다. 하지만 이러한 세력 균형의 변화는—그리고 현재 나타나고 있는 미국과 중국 사이의 상대적 힘의 역전은— 필연적으로 전쟁을 가져오지 않는다. "지금 상황에서는 우리의 군사력이 우위에 있기 때문에 전쟁을 하려면 더욱 늦기 전에 지금 감행해야 한다"는 예방전쟁 논리는 오류이며 동시에 너무 위험하다. 1875년 3월에 비스마르크(Otto von Bismarck)는 "예방전쟁이란 죽음이 무서워 자살하는 행동"이라고 비판하였다. 미국과 소련 사이에서 이러한 지적은 적절하였고, 미국과 중국 사이에서도 이러한 지적은 적절할 것이다.

부록 1

냉전 시기 주요 사건 연표

1945년 5월 8일: 독일 항복.

8월 15일: 일본 항복.

1946년 2월 22일: 케난 전문 작성.

9월 27일: 노비코프 전문 작성.

1947년 3월 12일: 트루만 독트린.

6월 5일: 마샬 계획 공개.

10월 22일: 제1차 인도 · 파키스탄 전쟁.

1948년 2월 26일: 체코슬로바키아 공산당 쿠데타.

5월 15일: 제1차 중동전쟁.

6월 24일: 소련 베를린 봉쇄.

8월 15일: 한국 정부 수립.

9월 9일: 북한 정부 수립.

1949년 4월 4일: NATO 출범.

5월 12일: 베를린 봉쇄 해제.

5월 23일: 서독 정부 수립.

8월 29일: 소련 핵실험.

10월 1일: 중국 내전에서 공산당 승리.

10월 7일: 동독 정부 수립.

1950년 1월 5일: 영국의 중국 승인.

1월 12일: 애치슨 선언.

4월 14일: NSC-68.

6월 25일: 한국전쟁 발발.

1951년 4월 18일: 유럽석탄철강공동체(ECSC) 수립.

9월 20일: 그리스와 터키의 NATO 가입.

1952년 10월 3일: 영국 핵실험.

11월 1일: 미국 수소폭탄 실험.

1954년 8월 11일: 제1차 대만해협 위기.

1955년 5월 9일: 서독 NATO 가입.

5월 14일: WP 결성.

9월 1일: 소련과 서독 외교관계 수립.

11월 22일: 소련 수소폭탄 실험.

1956년 10월 29일: 제2차 중동전쟁 발발.

11월 4일: 소련 헝가리 침공.

1957년 10월 4일: 스푸트니크 발사

1958년 8월 23일: 제2차 대만해협 위기 발생.

1960년 2월 13일: 프랑스 핵실험.

5월 1일: U-2 격추.

1961년 4월 12일: 가가린 우주비행.

4월 15일: 피그스만 침공.

8월 13일: 베를린 장벽 구축.

1962년 10월 22일: 미국 쿠바 봉쇄.

1963년 7월 25일: 부분 핵실험 금지조약 체결.

1964년 10월 16일: 중국 핵실험.

1965년 3월 8일: 미국 베트남에 대한 전투병력 파견 선언.

8월 5일: 제2차 인도 · 파키스탄 전쟁 발발.

1966년 3월 10일: 프랑스 NATO 통합지휘체제 탈퇴.

1967년 6월 5일: 제3차 중동전쟁 발발.

1968년 1월 21일: 1 · 21사태 발발.

1월 30일: 베트남 구정공세.

7월 1일: 핵확산금지조약 체결.

8월 20일: WP 체코슬로바키아 침공.

1969년 3월 2일: 중소 국경분쟁 발발.

7월 25일: 닉슨 독트린 발표.

1971년 4월 2일: 주한미군 7사단 철수.

7월 9일: 키신저의 베이징 비밀 방문.

9월 3일: 베를린 지위에 대한 4개국 조약 체결.

10월 25일: 중화인민공화국을 중국으로 인정하는 UN 총회 결의안 통과.

12월 3일: 제3차 인도 · 파키스탄 전쟁 발발.

1972년 2월 21일: 닉슨 중국 방문.

5월 26일: SALT I 체결.

12월 21일: 동서독 기본조약 체결 및 상호 승인.

1973년 6월 23일: 한국 6 · 23 선언.

10월 6일: 제4차 중동전쟁 발발.

1974년 5월 18일: 인도 핵실험.

1975년 4월 30일: 사이공 함락.

8월 1일: 헬싱키 최종의정서 발표.

1976년 8월 18일: 판문점 도끼 살인사건 발생.

12월 21일: 두 번째 팀 보고서 완성.

1979년 1월 7일: 베트남 캄보디아 침공.

1월 16일: 이란 이슬람 혁명.

1월 29일: 덩샤오핑 백악관 만찬.

2월 17일: 중국 베트남 침공.

6월 18일: SALT II 체결.

12월 24일: 소련 아프가니스탄 침공.

1981년 12월 13일: 폴란드 계엄령 선포.

1982년 5월 30일: 스페인 NATO 가입.

1983년 3월 8일: 레이건 "악의 제국" 발언.

3월 23일: SDI 발표.

9월 1일: 소련 KAL 007 격추.

10월 25일: 미국 그레나다 침공.

11월 1일: 유능한 궁수 훈련 시작.

1985년 3월 11일: 고르바초프 취임.

11월 21일: 제네바 정상회담(레이건－고르바초프).

1986년 10월 11일: 레이캬비크 정상회담(레이건－고르바초프).

1987년 12월 8일: INF 조약 체결.

1988년 5월 15일: 소련군 아프가니스탄 철수 시작.

5월 29일: 모스크바 정상회담(레이건 - 고르바초프).

1989년 2월 2일: 아프가니스탄 철수 완료.

6월 4일: 천안문 사태.

11월 9일: 베를린 장벽 붕괴.

12월 3일 몰타 정상회담(부시 - 고르바초프).

1990년 10월 3일: 독일 통일.

1991년 7월 1일: WP 해산.

8월 19일: 소련 쿠데타 발발.

12월 25일: 고르바초프 사임과 소련 해체.

부록 2

핵무기 보유량(1945~2006)

연도	미국	소련/러시아	영국	프랑스	중국	합계
1945	6					6
1946	11					11
1947	32					32
1948	110					110
1949	235	1				236
1950	369	5				374
1951	640	25				665
1952	1,005	50				1,055
1953	1,436	120	1			1,557
1954	2,063	150	5			2,218
1955	3,057	200	10			3,267
1956	4,618	426	15			5,059
1957	6,444	660	20			7,124
1958	9,822	869	22			10,713
1959	15,468	1,060	25			16,553
1960	20,434	1,605	30			22,069
1961	24,126	2,471	50			26,647
1962	27,387	3,322	205			30,914
1963	29,459	4,238	280			33,977

1964	31,056	5,221	310	4	1	36,592
1965	31,982	6,129	310	32	5	38,458
1966	32,040	7,089	270	36	20	39,455
1967	31,233	8,339	270	36	25	39,903
1968	29,224	9,399	280	36	35	38,974
1969	27,342	10,538	308	36	50	38,274
1970	26,662	11,643	280	36	75	38,696
1971	26,956	13,092	220	45	100	40,413
1972	27,912	14,478	220	70	130	42,810
1973	28,999	15,915	275	116	150	45,455
1974	28,965	17,385	325	145	170	46,990
1975	27,826	19,055	350	188	185	47,604
1976	25,579	21,205	350	212	190	47,536
1977	25,722	23,044	350	228	200	49,544
1978	24,826	25,393	350	235	220	51,024
1979	24,605	27,935	350	235	235	53,360
1980	24,304	30,062	350	250	280	55,246
1981	23,464	32,049	350	274	330	56,467
1982	23,708	33,952	335	274	360	58,629
1983	24,099	35,804	320	279	380	60,882
1984	24,357	37,431	270	280	415	62,753
1985	24,237	39,197	300	360	425	64,519
1986	24,401	45,000	300	355	425	70,481
1987	24,344	43,000	300	420	415	68,479
1988	23,586	41,000	300	410	430	65,726
1989	22,380	39,000	300	410	435	62,525

1990	21,004	37,000	300	505	430	59,239
1991	17,287	35,000	300	540	435	53,562
1992	14,747	33,000	300	540	435	49,022
1993	13,076	31,000	300	525	435	45,336
1994	12,555	29,000	250	510	400	42,715
1995	12,144	27,000	300	500	400	40,344
1996	11,009	25,000	300	450	400	37,159
1997	10,950	24,000	260	450	400	36,060
1998	10,871	23,000	260	450	400	34,981
1999	10,824	22,000	185	450	400	33,859
2000	10,577	21,000	185	470	400	32,632
2001	10,527	20,000	200	350	400	31,477
2002	10,475	19,000	200	350	400	30,425
2003	10,421	18,000	200	350	400	29,371
2004	10,358	18,000	200	350	400	29,308
2005	10,295	17,000	200	350	400	28,245
2006	10,104	16,000	200	350	200	26,854

* 출처: Robert S. Norris and Hans M. Kristensen, "Nuclear Notebook: Global Nuclear Stockpiles, 1945~2006," *Bulletin of the Atomic Scientists*, Vol. 62, No. 4 (July/August 2006), pp. 64~66.

참고문헌

Allison, Graham T. and Philip D. Zelikow, *Essence of Decision: Explaining the Cuban Missile Crisis* (New York: Longman, 1999).

Brooks, Stephen G. and William C. Wohlforth, "Power, Globalization, and the End of the Cold War: Reevaluating a Landmark Case for Ideas," *International Security*, Vol. 25, No. 3 (Winter 2000/2001), pp. 5~52.

Burr, William and David Alan Rosenberg, "Nuclear Competition in an Era of Stalemate, 1963~1975," in Melvyn P. Leffler and Odd Arne Westad (eds.) *The Cambridge History of the Cold War* (Cambridge: Cambridge University Press, 2010), pp. 88~111.

Burr, William and Jeffrey T. Richelson, "Whether to "Strangle the Baby in the Cradle": The United States and the Chinese Nuclear Program, 1960~1964," *International Security*, Vol. 25, No. 3 (Winter 2000/2001), pp. 54~99.

Cahn, Anne Hessing, *Killing Détente: The Right Attacks the CIA* (University Park, PA: Pennsylvania State University Press, 1998).

Chase, Michael S., Kevin L. Pollpeter, Derek Eaton, Roger Cliff, and Mark Burles, *Entering the Dragon's Lair: Chinese Antiaccess Strategies and Their Implications for the United States* (Santa Monica, CA: RAND, 2007).

Christensen, Thomas J., "Fostering Stability or Creating a Monster?: The Rise of China and U. S. Policy toward East Asia," *International Security*, Vol. 31, No. 1 (Summer 2006), pp. 81～126.

Dobbs, Michael, *One Minute to Midnight: Kennedy, Khrushchev, and Castro on the Brink of Nuclear War* (New York: Alfred A. Knopf, 2008).

Falkenrath, Richard A., *Shaping Europe's Military Order: The Origins and Consequences of the CFE Treaty* (Cambridge, MA: The MIT Press, 1995).

Friedberg, Aaron L., "The Future of U. S.－China Relations: Is Conflict Inevitable?" *International Security*, Vol. 30, No. 2 (Fall 2005), pp. 7～45.

Fursenko, Aleksandr. and Timothy Naftali, *Khrushchev's Cold War: The Inside Story of an American Adversary* (New York: W. W. Norton, 2006).

Fursenko, Aleksandr and Timothy Naftali, *One Hell of a Gamble: Khrushchev, Castro, and Kennedy, 1958～1964: The Secret History of the Cuban Missile Crisis* (New York: Norton, 1998).

Garthoff, Raymond L., *The Great Transition: American-Soviet Relations and the End of the Cold War* (Washington, DC: Brookings Institution, 1994).

Harrison, Hope M., *Driving the Soviets Up the Wall: Soviet-East German Relations, 1953～1961* (Princeton, NJ: Princeton University Press, 2003).

Hersh, Seymour, *The Samson Option: Israel's Nuclear Arsenal and American Foreign Policy* (New York: Random House, 1991).

Holloway, David, *Stalin and the Bomb: The Soviet Union and Atomic Energy, 1939～1956* (New Haven, CT: Yale University Press, 1994).

Jensen, Kenneth M. (ed.), *Origins of the Cold War: The Novikov, Kennan, and Roberts 'Long Telegrams' of 1946* (Washington, DC: United States Institute of Peace Press, 1993).

Kissinger, Henry. *On China* (New York: The Penguin Press, 2011).

Khrushchev, Sergei N., *Nikita Khrushchev and the Creation of a Superpower* (University Park, PA: Pennsylvania State University Press, 2000).

Krepinevich, Andrew, *Why Air Sea Battle?* (Center for Strategic and Budgetary Assessments Studies, February 2012).

Krepinevich, Andrew F., *The Army and Vietnam* (Baltimore, MD: Johns Hopkins University Press, 1986).

Kugler, Richard L., *Commitment to Purpose: How Alliance Partnership Won the Cold War* (Santa Monica, CA: RAND, 1993).

Kydd, Andrew H., *Trust and Mistrust in International Relations* (Princeton, NJ: Princeton University Press, 2005).

Leffler, Melvyn P. and Odd Arne Westad (eds.), *The Cambridge History of the Cold War* (Cambridge: Cambridge University Press, 2010).

Maier, Charles S., *Dissolution: The Crisis of Communism and the End of East Germany* (Princeton, NJ: Princeton University Press 1999).

May, Ernest R. and Philip D. Zelikow (eds.), *The Kennedy Tapes: Inside the White House During the Cuban Missile Crisis* (Cambridge, MA: Harvard University Press, 1997).

Mearsheimer, John J., "Back to the Future: Instability in Europe After the Cold War," *International Security*, Vol. 15, No. 1 (Summer 1990), pp. 5~56.

Miller, Steven E. and Stephen van Evera, *The Star Wars Controversy* (Princeton, NJ: Princeton University Press, 1986).

Oberdorfer, Don., *The Turn: From the Cold War to a New Era, 1983~1990* (New York: Poseidon Press, 1991).

Rosenberg, David Alan, "A Smoking Radiating Ruin at the End of Two Hours:

Documents on American Plans for Nuclear War with the Soviet Union, 1954～1955," *International Security*, Vol. 6, No. 3 (Winter 1981/82), pp. 3～38.

Sagan, Scott D., "SIOP-62: The Nuclear War Plan Briefing to President Kennedy," *International Security*, Vol. 12, No. 1 (Summer 1987), pp. 22～51.

Schweller, Randall L., *Deadly Imbalances: Tripolarity and Hitler's Strategy of World Conquest* (New York: Columbia University Press, 1998).

Schaefer, Bernd, "North Korean "Adventurism" and China's Long Shadow, 1966～1972," *Cold War International History Working Paper*, No. 44 (October 2004).

Snyder, Glenn H., "The Security Dilemma in Alliance Politics," *World Politics,* Vol. 36, No. 4 (July 1984), pp. 461～495.

Thompson, Nicholas, *The Hawk and the Dove: Paul Nitze, George Kennan, and the History of the Cold War* (New York: Henry Holt, 2009).

Trachtenberg, Marc, *A Constructed Peace: The Making of the European Settlement, 1945～1963* (Princeton, NJ: Princeton University Press, 1999).

U. S. Department of State, *Foreign Relations of the United States (FRUS), 1946, Volume VI: Eastern Europe; the Soviet Union* (Washington, DC: United States Government Printing Office, 1969).

Walt, Stephen M., *The Origins of Alliances* (Ithaca, NY: Cornell University Press, 1987).

Weathersby, Kathryn, *Soviet Aims in Korea and the Origins of the Korean War, 1945～1950: New Evidence from Russian Archives*, Cold War International History Project Working Paper No. 8 (November 1993).

X(George F. Kennan), "The Sources of Soviet Conduct," *Foreign Affairs*, Vol.

25, No. 4 (July 1947), pp. 566~582.

Zelikow, Philip and Condoleezza Rice, *Germany Unified and Europe Transformed: A Study in Statecraft* (Cambridge, MA : Harvard University Press, 1997).

Cold War International History Project Documents

Igor V. Kurchatov, "Notes on the Discussion between I. V. Kurchatov, Lead Scientist for the Soviet Nuclear Effort, and Stalin," *Cold War International History Project Bulletin*, No. 4 (Fall 1994), p. 5.

CWIHP, "From Hesitation to Intervention: Soviet Decisions on Afghanistan, 1979," *Cold War International History Project Bulletin*, No. 4 (Fall 1994), pp. 70~76.

CWIHP, "Cable from Soviet Foreign Minister Gromyko on 18 October 1962 Meeting with President Kennedy, 20 October 1962," *Cold War International History Project Bulletin*, No. 8/9 (Winter 1996/1997), pp. 279~282.

CWIHP, "All Under the Heaven is Great Chaos: Beijing, the Sino-Soviet Border Clashes, and the Turn Toward Sino-American Rapprochement, 1968~1969," *Cold War International History Project Bulletin*, No. 11 (Winter 1998), pp. 155~175.

CWIHP, "On the Eve: A Glimpse Inside the Politburo at the End of 1988," *Cold War International History Bulletin*, No. 12/13 (Fall/Winter 2001), pp. 24~29.

그림 목록 및 출처

[그림 7] 마오와 닉슨의 만남

출처: http://en.wikipedia.org/wiki/File:Nixon_Mao_1972-02-29.png

[그림 8] SALT II 서명 (1979년 6월 18일 비엔나)

출처: http://en.wikipedia.org/wiki/File:Carter_Brezhnev_sign_SALT_II.jpg

[그림 9] INF 조약 서명 (1987년 12월 8일 백악관)

출처: http://en.wikipedia.org/wiki/File:Reagan_and_Gorbachev_signing.jpg

[그림 10] 베를린 장벽 개방 (1989년 11월 9일)

출처: http://en.wikipedia.org/wiki/File:BerlinWall-Brandenburg Gate.jpg

[그림 11] 중국의 도련 개념

출처: Jan Van Tol et als, *Air Sea Battle: A Point-of-Departure Operational Concept* (Center for Strategic and Budgetary Assessments Studies, May 2010), p. 13.

http://www.csbaonline.org/publications/2010/05/airsea-battle-concept/

찾아보기

ㅅ

ㅇ

기타